Sandra Ostheim

Höllentrip Leben

Sandra Ostheim

Höllentrip Leben

Rediroma-Verlag

Bibliografische Information der Deutschen Nationalbibliothek:
Die Deutsche Nationalbibliothek verzeichnet diese Publikation in der Deutschen Nationalbibliografie; detaillierte bibliografische Daten sind im Internet über http://portal.dnb.de abrufbar.

ISBN 978-3-98885-359-2

www.rediroma-verlag.de
12,95 Euro (D)

Aus den Trümmern unserer
Verzweiflung bauen wir unseren Charakter.

Ralph Waldo Emerson

Inhalt

1) Ehe mit Hindernissen

„Nun zieh doch endlich deinen Anzug an, das Hemd ist frisch gebügelt.“ Meine Frau Annette maßregelte mich schon wieder. Meine Geburtstagsfeier stand an und wir hatten eine Menge guter Freunde eingeladen. Gestern war ich vierundzwanzig Jahre alt geworden. Geboren im Jahre 1953, lebte ich mit Annette in unserem kleinen Häuschen im Spessart. Wir schrieben die 70er-Jahre und ich war verrückt nach ABBA. Ich legte eine meiner Schallplatten auf und hörte der Musik zu und steckte mir genüsslich eine Zigarette an.

„Wirst du nun endlich hören und dich umziehen?“, meinte meine Frau schon wieder. „Die Gäste kommen bald.“

Meine Ehe war schon länger nicht mehr das Wahre. Annette bestimmte gerne, ich ebenso. Zwei Menschen, die aneinandergerieten, stets und ständig. Sicher, sie war eine attraktive Erscheinung. Schwarze lange Haare, sehr anmutig und hübsch, gut gebaut. Ich hatte mich vor Jahren ernsthaft verliebt und war bereits seit einiger Zeit verheiratet. Ihre Art der Kommunikation, ihr Charme und ihr unbedingter Wille, es im Leben zu etwas zu bringen, hatten mich fasziniert. Wir lebten gut bürgerlich, hatten das Haus von ihren Eltern überschrieben bekommen. So weit lief alles normal, wenn nicht diese ständigen Auseinandersetzungen wären. Ich löschte meine Zigarette und zog mich um. Besser, ich tat, was sie sagte. Heute stand eine große Party an, zwanzig Leute folgten der Einladung. Annette hatte die Vorbereitungen getroffen, gebacken und gekocht. Unser fünfjähriger Sohn Thomas durfte heute an den Feierlichkeiten teilnehmen. Wir fanden, er war bereits alt genug dafür. Unser absolutes Wunschkind!

„Jürgen, bist du so weit?“, rief meine Frau die Treppe hoch.

„Ich komme ja schon“, antwortete ich. Mein Spiegelbild zeigte mir einen attraktiven Mann. Ich war sehr groß und gut gebaut, nie um Frauenangebote verlegen und alles in allem eine auffällige Erscheinung. Ich gefiel mir im schwarzen Anzug. Meine Frau, die von Beruf Vorstandssekretärin war und Bankkauffrau gelernt hatte, verdiente gut. Ich selbst war als Bäcker und Konditor erfolgreich und arbeitete in einer ortsansässigen Bäckerei bis mittags. Dann passte ich auf Thomas auf. Es ging uns gut. Ich freute mich auf den heutigen Abend. Unsere Wochenenden verbrachten wir meist zu Hause, luden Freunde ein oder fuhren zu Ausflügen ins Umland. Die Naturschönheiten des Spessarts waren ein wahres Paradies für Wanderer.

Die frische Luft und die idyllischen Wälder und Felder, die Berge und das herrliche Grün ringsherum zogen jährlich Hunderte Touristen an. Und hier waren wir glücklicherweise zu Hause.

„Jürgen, du siehst gut aus“, begrüßte mich mein bester Freund Wolfgang, als ich die Treppe herunterkam. Er hatte unseren Sohn auf dem Arm, der vergnügt jauchzend ein neues Spielzeug in der Hand hielt. Ein Geschenk von Wolfgang und seiner Frau.

„Du verwöhnst ihn zu sehr“, argumentierte ich und nahm meinen Freund in den Arm.

„Alles Gute zum Geburtstag“, antwortete er und ich ging zu unserer hauseigenen Bar, um ihm einen ersten Whiskey einzuschenken.

„Schön, dass ihr gekommen seid.“ Ich reichte ihm das volle Glas. Es klingelte wieder und mehrere unserer Freunde betraten das Haus. Annette, im weißen Leinenkleid, hatte die Haare hochgesteckt. Sie war eine gute Gastgeberin. Es begann ein feuchtfröhlicher Abend, mit vielen angenehmen Gesprächen und dem guten Essen meiner Frau. Wolfgang war wieder mal der perfekte Partygast. Er gab Witze zum Besten, war dabei klug und lustig. Er unterhielt alle Gäste. Ich liebte meinen besten Freund. Wir hatten uns zu Schulzeiten kennengelernt. Unser Jahrgang war auffällig gewesen. Was hatten wir den Lehrern für Streiche gespielt. Herrliche Erinnerungen. Wolfgang heiratete mit achtzehn Jahren, seine Frau war uns ebenso sympathisch, ein nettes Paar. Er arbeitete schon einige Jahre als Bankangestellter und brachte gutes Geld nach Hause. Er wollte nicht, dass seine Frau arbeiten ging, denn beide wünschten sich ein Baby. Wolfgang war verrückt nach meinem Sohn. Oft holte er ihn ab, um die Nachmittage mit ihm zu verbringen. Er fuhr mit Thomas zum Eisessen oder ging mit ihm in den Zoo. Mein Sohn hing an ihm und das freute mich besonders. Wolfgang war sehr kinderlieb, er wäre ein guter Vater. Mein Freund wohnte in unserer Nähe und ich würde seine Kinder genauso lieben, sollte es einmal so weit sein. Ich wünschte es den beiden.

„Wolfgang, erzähl doch mal unseren Gästen, wie wir der Schrecken unserer Schulklasse waren“, lachte ich und klopfte meinem Freund auf die Schulter. Das ließ er sich nicht zweimal sagen. Witzig und charmant erzählte er die Anekdoten. Unsere Gäste amüsierten sich. Annette saß neben mir und hörte belustigt zu.

„Jürgen, ich wusste ja nicht, was ich für einen Mann geheiratet habe.“ Lachend klopfte sie sich auf die Schenkel. Meine Frau gut gelaunt zu wissen, freute mich.

Wenigstens heute Abend verstanden wir uns ohne Probleme. Ich nahm sie in den Arm und gab ihr einen Kuss. Sie hatte sich viel Mühe mit der Party gegeben und ich wusste, dass sie mich liebte. Wir mussten nur beide unser Temperament zügeln, dann würden wir uns auch im Alltag besser verstehen. Schließlich war Annette meine Traumfrau, sonst hätte ich sie wohl kaum geheiratet.

Der Abend wurde ein voller Erfolg und erst spät in der Nacht gingen die letzten Gäste.

Ich rauchte noch eine letzte Zigarette vor dem Schlafen gehen und lehnte mich genüsslich in meinem Lieblingssessel zurück. Was hatten wir für ein Glück! Ein Häuschen, gute Freunde, ein Auto und unseren gesunden Thomas. Gut, an unserer Ehe mussten wir arbeiten, aber alles in allem waren wir glücklich. Es fehlte uns an nichts.

Im darauffolgenden Januar 1978 begann ich meinen Dienst in der Bäckerei wie gewöhnlich um zwei Uhr morgens. Mein Chef, ein stets lustiger Zeitgenosse, empfing mich mit düsterer Miene.

„Die Zahlen sehen schlecht aus“, warf er mir an den Kopf.

„Erst einmal ein gesundes neues Jahr“, rutschte es mir heraus. Zerknirscht stand ich in der Backstube. Was sollte ich auch sagen, wenn der Chef schlechte Laune hatte?

„Ich muss leider einige Mitarbeiter entlassen“, sagte er und sah mich herausfordernd an. Eigentlich war Herr Böttcher ein sympathischer Kerl, der meine Arbeit schätzte. Wir verstanden uns gut und ich arbeitete schon viele Jahre für ihn. Das Wasser musste ihm bis zum Halse stehen, wenn er so reagierte. Er zahlte pünktlich den Lohn und ab und zu gab es auch etwas extra auf die Hand. Gerade zu

Geburtstagen oder Weihnachten ließ er sich nicht lumpen.

„Mein Geschäft ist nur zu retten, wenn ich mich gesund schrumpfe“, fuhr er fort.

Mir wurde heiß und kalt. Was wollte er denn damit andeuten? Stand ich etwa auf der Liste? Ein Verlust meines Arbeitsplatzes wäre fatal, zumal wir hier im Ort kein zweites Geschäft hatten und meine Frau das Auto für ihren Weg zur Arbeit beanspruchte. Auch brauchten wir beide Gehälter, um ihren Eltern das Haus abzubezahlen.

„Bin ich etwa damit gemeint?“, hörte ich mich entsetzt fragen.

„Leider ja“, antwortete mein Chef prompt. „Du, die beiden Lehrlinge und Martina.“

Ich seufzte auf. Martina stand täglich vorne am Tresen und verkaufte unsere leckeren Backwaren. Eine gemütliche Mittfünfzigerin, die sicherlich ebenso geschockt sein würde wie ich.

„Es tut mir wirklich leid“, hörte ich meinen Chef sagen, während ich mich wie in Zeitlupe für die heutige Arbeit rüstete.

„Wann ist denn mein letzter Tag?“, fragte ich meinen Boss betrübt, der mir daraufhin das Datum nannte. Nun, ein paar Wochen hatte ich noch. Immerhin. Annette wird nicht begeistert sein, schoss es mir durch den Kopf. Ich musste die kommende Zeit nutzen und mir Gedanken machen, wie es nun weitergehen sollte. Das hatte mir alles gerade noch gefehlt. Das neue Jahr bereitete mir bereits ernste Probleme. Damit hatte ich nun wirklich nicht gerechnet. Meine Frau und ich waren ein gutes Leben gewöhnt, Arbeitslosigkeit gehörte nicht dazu.

„Du wirst gekündigt?“ Annette schrie fast, als ich ihr die schlechten Neuigkeiten noch am gleichen Tag überbrachte.

„Morgen erhalte ich es schriftlich“, antwortete ich zerknirscht.

„Das kann doch nicht wahr sein!“ Meine Frau gestikulierte mit beiden Händen. „Du hast immer hervorragende Arbeit geleistet.“

Ja, das hatte ich. Dennoch war ich gefeuert. Ich ließ mich auf den Sessel fallen.

„Wo sind denn meine Zigaretten?“, fragte ich, während ich mir einen Cognac eingoss. Ich wusste, ich rauchte zu viel und war auch dem Alkohol nicht abgeneigt, konnte aber die neue Situation, die nun auf mich zukam, schwer ertragen. Ich fühlte mich verantwortlich für meine kleine Familie und das auch in finanzieller Hinsicht. Was sollte denn nun werden? Hastig trank ich mein Glas aus und schenkte erneut ein. Ich war wütend auf den Böttcher. Warum hatte er es so weit kommen lassen? Ich hatte tatsächlich nichts gemerkt von den finanziellen Schwierigkeiten meines Chefs. Das Geschäft lief doch ganz gut, jedenfalls hatte ich immer zu tun gehabt. Böttcher belieferte noch den Großhandel, er selbst fuhr die Ware aus. Gab es dort vielleicht Probleme? Waren ihm die Kunden abgesprungen? Trotz Müdigkeit konnte ich nicht schlafen, Annette verabschiedete sich ins Bett. Erneut schenkte ich mir nach. Wenn die Zahlen so schlecht standen, dann hoffte ich, dass ich wenigstens noch mein letztes Gehalt bekam. Wie sollte es denn nun weitergehen? Ich grübelte. Die nächste Bäckerei war viele Kilometer entfernt und ich kam ohne Auto nirgendwo hin. Wir lebten so ländlich, dass hier nur wenige Busse fuhren. Ich brauchte schnell eine geniale Idee. Etwas, was florierte. Ein Geschäft, das Zukunftsaussichten barg und gutes Geld. Morgen würde ich in die Zeitungsannoncen schauen, heute war ich einfach zu müde. Zudem konnte ich Wolfgang fragen. Mein bester Freund hatte doch immer die besten Ideen. Ich musste ihn gleich morgen anrufen.

Ich nickte im Sessel ein und träumte schlecht: Mein Chef lud mich auf eine Party ein, aber der Saal war leer. Böttcher lachte und lachte und rieb sich den Bauch. „Kein Geschäft für dich, mein Guter“, sprach er in meinen Träumen. „Niemand will deine Backwaren, alle sind nach Hause gegangen. Du warst einfach zu schlecht, keinem hat es geschmeckt.“

Ich schreckte aus meinem Traum hoch und sah mich im Zimmer um. Es war dunkel und bereits nach Mitternacht. Nur die kleine Lampe auf der Anrichte brannte. Ich rieb mir die Augen. Jetzt fiel es mir wieder ein. Ich war meinen Job los. In zwei Stunden musste ich wieder bei Böttcher antanzen und hatte immer noch Restalkohol im Blut. Warum hatte ich gestern Abend auch so zugelangt? Nun ja, verdenken konnte ich es mir nicht, nach der Schreckensnachricht. Ich streckte mich und ging ins Bad, um mich frisch zu machen. Es würde wieder eine lange Schicht werden. Besser, ich wurde schnell nüchtern.

Zwei Wochen später sprang mir im örtlichen Tagesblatt eine Anzeige ins Auge. Im Nachbarort wurde ein Reisebüromitarbeiter gesucht, der freundlich, zuvorkommend und verkaufsorientiert war. Ich hatte die Zeitung täglich studiert und heute hatte ich den Treffer schlechthin! Reisen waren seit meiner Kindheit meine Leidenschaft, neben meinen Backkünsten wohlgemerkt. Ich interessierte mich brennend für fremde Länder und Kulturen. Meine Hausbibliothek barg so manchen Schatz an entsprechenden Büchern. Ich flüchtete mich gerne in fremde Welten. Das konnte ein komplett neuer Einschnitt in meinem Leben sein. Ich kontaktierte das Reisebüro nicht nur, ich fuhr mit dem Bus am nächsten Tag gleich persönlich vorbei, meine Unterlagen in der Tasche.

„Kann ich bitte Frau Maier sprechen?“, fragte ich die nette Dame am Schreibtisch. Ich drehte die Anzeige in meinen Händen und reichte sie der jungen Frau. „Die Annonce habe ich ausgeschnitten und hier steht, Frau Maier führt die Vorstellungsgespräche“, erklärte ich und lächelte. „Mein Name ist Jürgen Schönburg und ich möchte mich heute als neuer Mitarbeiter vorstellen.“

Schon trat eine Frau aus dem Hinterzimmer ins Geschäft, welche mich interessiert musterte. Ich wusste, mit meiner großen Statur, meinem gewinnbringenden Lächeln und meinem Charme konnte ich bei der Frauenwelt punkten.

„Kommen Sie“, forderte Frau Maier mich auf und wir traten nacheinander in ihr Büro. Ich legte meine Bewerbungsunterlagen auf den großen Schreibtisch, nahm Platz und sah mich um. Das Büro war praktisch eingerichtet, an den Wänden hingen Poster von weißen Sandstränden, Palmen und türkisblauem Meer. Meine Augen blieben daran hängen. Wie schön es doch sein konnte, wenn man viel reiste, dachte ich.

„Stellen Sie sich doch mal genauer vor.“ Frau Maier holte mich aus meinen Gedanken und sah mich auffordernd an. Sie studierte meine Unterlagen.

„Mein Name ist Jürgen Schönburg und ich interessiere mich sehr für die Tätigkeit in einem Reisebüro wie Ihrem.“ Ich berichtete ihr von meinem bisherigen Werdegang und von meiner Kündigung. Erzählte ihr, wie sehr mich ferne Länder faszinierten und wie viel ich darüber gelesen hatte. Ich wurde nicht müde, ihr von meinem Engagement zu berichten, wie fleißig ich arbeiten konnte, dabei stets freundlich und bemüht. „Ich habe eine schnelle Auffassungsgabe, ein gutes Allgemeinwissen und der Kunde ist bei mir König“, beendete ich schließlich meine lange Rede.

Frau Maier war beeindruckt, das sah ich. „Bislang habe ich immer nur Damen eingestellt, aber warum es nicht mal mit einem Mann versuchen?“ Sie streckte ihre Hand nach meiner aus und schüttelte sie. „Willkommen bei uns“, lächelte Frau Maier. „Sie können am Monatsersten beginnen. Die Einarbeitung werde ich persönlich übernehmen.“

Ich lächelte und nickte erfreut. So kam es, dass ich eingestellt wurde und eine Umschulung zum Reiseverkehrskaufmann begann.

Im September sollte die beginnen. Vorher konnte ich mich bereits im Laden einarbeiten. Ich war bereit. Voller Freude nahm ich meine neue Tätigkeit auf und sie machte mir viel Spaß. Ich lernte zunächst die Drei-Letter-Codes aller wichtigsten Flughäfen der Welt kennen, arbeitete mich in die bunten Kataloge ein und schaute mir einiges von meiner Kollegin und Frau Maier ab, die beide mit großer Leidenschaft Reisen verkauften. Auch Busfahrten fanden reißenden Absatz. Zunächst per Telefon, riefen wir bei den jeweiligen Veranstaltern an und buchten die Erlebnistouren in ferne Länder. Was soll ich sagen? Der Tourismus boomte, die Leute waren wild auf Abenteuer. Wir hatten gut zu tun. Die Beratung machte Spaß und wenn ich einen Verkaufsabschluss machte, freute ich mich wie ein Kind.

„Hier, bitte unterschreiben." Ich reichte den Kunden die Buchungsverträge und war stolz auf mich.

„Ich bin sehr zufrieden mit Ihnen, Sie lernen schnell", betonte Frau Maier.

Alles richtig gemacht, schoss es mir durch den Kopf. Annette war zunächst von meiner neuen Arbeitsstelle nicht begeistert. Während der Umschulung zum Reiseverkehrskaufmann verdiente ich nicht das volle Gehalt. Das kam erst später. Ich ließ mich aber nicht abbringen und lud ihre Eltern auf ein ernstes Gespräch zu uns nach Hause ein. Ich erklärte die Situation ausführlich und schlussendlich waren sie bereit, einige Zeit auf die Zahlungen für unser Haus zu verzichten. Damit gab sich dann auch meine Frau zufrieden, wenn wir denn ein Kindermädchen engagierten. Meine Arbeitszeiten im Büro gingen von neun bis achtzehn Uhr, die Wochenenden hatte ich frei. Ein Kindermädchen musste gefunden werden und das am besten für wenig Geld. Hier half mir wieder mein Freund Wolfgang. Seine

Frau wollte, solange es mit eigenen Kindern nicht klappte, auf unseren Thomas aufpassen. Das war eine gute Lösung für uns alle.

Ich stürzte mich regelrecht in die neue Arbeit. Wissbegierig saugte ich alle Informationen auf und als die Umschulung begann, hatte ich mir schon selber eine Menge beigebracht. In der Berufsschule lernte ich nun noch das A und O der Touristik und obwohl meine Mitschüler alle jünger waren als ich, hatten wir gemeinsam viel Spaß. Ich sprühte im Büro vor Energie und lebte meine Leidenschaft aus, Reisen zu verkaufen. Warum hatte ich nicht viel eher zu diesem Job gefunden? In mir reifte eine Idee heran. Sollte ich meine Umschulung mit Bravour meistern, und davon ging ich aus, würde ich selbst ein Reisebüro eröffnen. Die Nachfrage war unheimlich groß und man konnte nur gewinnen. Ich traute mir die Selbstständigkeit zu, denn ich hatte mir die letzten Jahre ein kleines finanzielles Polster geschaffen. Annette wusste nichts davon. Eigentlich war es dazu gedacht, uns ein neues Auto zuzulegen. Ich wollte eine nagelneue große Familienkutsche, denn ich wünschte mir ein weiteres Kind. Thomas hatte jetzt ein Alter, in dem ihm ein Geschwisterchen viel Freude bereiten würde.

Meine Frau wollte ich mit dem neuen Gefährt überraschen, könnte jedoch das Geld auch gut für einen Neustart gebrauchen.

Zunächst stellte aber Frau Maier einen weiteren Lehrling ein, eine junge Frau namens Yvonne, die mich schlichtweg umhaute. Sie war achtzehn Jahre alt und dermaßen sexy, dass mir die Luft wegblieb. Ihre langen, blonden, glänzenden Haare wippten bei jedem ihrer anmutigen Schritte und ihre Figur war unbeschreiblich erotisch. Sie sollte nun neben und mit mir arbeiten. Ich konnte mich kaum konzentrieren bei diesem Gottesgeschöpf und Yvonne wurde zu meiner wilden Fantasie. Fortan stellte ich mir Sex mit ihr vor, während ich mit meiner Frau schlief.

Unsere ehelichen Bedürfnisse hatten sich abgekühlt. Beidseitig hatten wir nur noch wenig Lust aufeinander und ich bediente mich meiner erotischen Träume mit Yvonne. Eines Tages im Büro bemerkte ich, dass Yvonne nicht abgeneigt mir gegenüber war und sie doch tatsächlich flirtete. Mir klopfte das Herz bis zum Hals und ich stieg selbstverständlich darauf ein. Ich versprühte meinen gesamten Charme und überhäufte sie mit Komplimenten zu ihrem Äußeren.

„Gehen wir heute nach Büroschluss etwas trinken?“ Ich glaubte, mich verhört zu haben, als Yvonne mich herausfordernd anschaute und sexy lächelte. Mein Traum wurde wahr und wir verabredeten uns beim Italiener um die Ecke. Ich konnte es kaum erwarten. Meine Frau rief ich nur kurz an, um ihr zu sagen, dass es heute Abend im Reisebüro länger dauern würde, wir hätten noch ein paar Anfragen zu bearbeiten. Mein schlechtes Gewissen regte sich. Ich liebte Annette, aber Yvonne war ein so junges und charmantes Wesen, dass ich nicht anders konnte. Sie wusste um ihre Wirkung und verdrehte mir den Kopf.

„Wann wirst du denn heute zu Hause sein?“, hörte ich Annette am Telefon fragen.

„Wie? Ach, es wird sicher länger dauern. Tagsüber schaffen wir die Anfragen einfach nicht, es sind zu viele. Nach Büroschluss ist es ruhig und wir können besser arbeiten. Ich denke, gegen dreiundzwanzig Uhr bin ich zu Hause.“

Annette schnaufte. „Hoffentlich bekommst du die Überstunden auch bezahlt. Dein Essen steht dann im Kühlschrank, ich gehe zeitig ins Bett“, erwiderte sie und legte auf. Typisch meine Frau. Sie legte großen Wert auf ihren Schönheitsschlaf und acht volle Stunden waren ihr sehr wichtig. Ich wurde immer aufgeregter, je näher der Feierabend rückte. Yvonne sprach gerade mit einer Kundin über eine Reise auf die Kanarischen Inseln. Ich sah sie von der Seite an. Ihre langen Haare verströmten einen Duft von Jasmin und ihr Parfüm erfüllte den ganzen Raum. Ich wollte sie unbedingt und stellte mir vor, sie zu berühren und zu küssen. Schluss jetzt, ermahnte ich mich selber. Ich hatte noch zu arbeiten.

Später am Abend saßen wir bei Kerzenschein und einem guten Essen. Ich konnte nicht aufhören, Yvonne anzustarren. Sie war Erotik pur. Ich spürte bereits Erregung in mir aufkommen und wünschte mir nichts sehnlicher als wilden, leidenschaftlichen Sex. Ich hörte kaum zu, was sie mir erzählte, und starrte vor mich hin.

„Gehen wir danach noch zu mir?“, unterbrach Yvonne meine Gedanken.

Nichts lieber als das. Ich nickte nur. Unsere Gespräche zogen sich in die Länge und ich starrte auf meine Uhr. Der Zeiger bewegte sich unaufhaltsam nach vorne. Ich musste handeln. Nach dem Essen trank ich hastig mein Glas aus und rief nach dem Kellner mit der Rechnung. Yvonne lachte.

„Du kannst es wohl kaum erwarten?“, amüsierte sie sich. Ich wurde verlegen. Was wusste sie schon von meiner Ehe? Es würde einfach auffallen, wenn ich zu spät kam.

„Ich hole unsere Jacken“, antwortete ich ihr und stand auf.

Yvonne hatte noch nicht mal richtig die Wohnungstür aufgeschlossen, da packte ich sie leidenschaftlich und stieß sie an die Wand des Flures. Atemlos küsste ich sie und meine Hände wanderten an ihrem heißen Körper auf und ab. Yvonne hatte trotz ihres jungen Alters wohl schon Erfahrung, denn sie bewegte sich, als ob sie nie etwas anderes getan hätte.

„Du bist wild und sexy“, flüsterte ich ihr ins Ohr. Tief sog ich ihren erotischen Duft ein und ihre offensichtliche Lust auf mich erregte mich nur noch mehr. Meine Zunge wanderte von ihrem Ohrläppchen bis zu ihren zarten Brüsten, dann hielt ich es nicht mehr aus und riss ihr die Kleidung vom Leib. Sie stöhnte auf und wir schliefen wild und hemmungslos miteinander. Wie hatte ich solchen Sex vermisst, es war einfach grandios mit ihr. Atemlos lagen wir uns danach in den Armen.

„Das war gut“, flüsterte Yvonne mir ins Ohr. „Ich bin heiß auf mehr.“

Mir fiel wieder Annette ein. Ein Blick auf meine Armbanduhr zeigte mir, dass ein zweites Mal nicht möglich war. Hastig wandte ich mich von ihr ab.

„Kann ich dein Bad benutzen?“, fragte ich sie. Ich wollte mich etwas frisch machen, falls Annette doch noch auf mich wartete.

„Hinten, linke Tür“, antwortete mir Yvonne. Sie schien enttäuscht. Ich konnte es nicht ändern und musste schleunigst nach Hause.

„Wiederholen wir das Ganze bald wieder, Jürgen?“ Keck sah sie mich an.

Ich lachte. „Aber sicher, Baby“, antwortete ich. So eine Frau wie Yvonne ließ man doch nicht von der Leine. Ich würde mir die Zeit nehmen und freute mich schon auf das nächste Mal. „Wir sehen uns morgen im Büro“, rief ich und verließ ihre Wohnung.

Von nun an hatte ich eine leidenschaftliche Affäre mit Yvonne und wann immer es mir möglich war, trafen wir uns bei ihr. Da wir in einem kleinen Örtchen wohnten, achteten wir darauf, auf der Straße nicht miteinander gesehen zu werden. Yvonne war es egal, ob ich verheiratet war, nur wollte ich nicht, dass meine Frau Wind von meiner Affäre bekam.

So lief es einige Zeit. Mein Sohn Thomas besuchte bereits die zweite Klasse in der hiesigen Schule und ich befand mich auf der letzten Wegstrecke meiner Ausbildung zum Reiseverkehrskaufmann. Die Prüfungen waren schon abzusehen. Im Sommer sollte es so weit sein. Ich sah mich bereits nach einem Ladengeschäft um, denn meine Idee, mein eigener Chef zu werden, hatte ich nicht aus den Augen verloren. Ich wollte es unbedingt. Natürlich sollte mein eigenes Reisebüro in einer großen Metropole sein und so schwebte mir Frankfurt am Main vor. Mit nur knapp einer Stunde Entfernung würde ich zurechtkommen, ich bräuchte nur ein zweites Auto. Meine Frau war zunächst völlig dagegen, egal, wie sehr ich ihr die Pläne auch schmackhaft machte.

„Jürgen, wann wollen wir uns denn überhaupt noch sehen und was ist mit Thomas?“, fragte sie.

„Wir bekommen alles unter einen Hut, ich verspreche es dir“, antwortete ich. „Und wir haben ja auch die Wochenenden. Stell dir nur vor, wie erfolgreich ich werden kann und dass wir von nun an ausgesorgt haben.“ Ich wusste, meine Frau liebte es, sich schöne Dinge zu kaufen, und war auch dem Geld gegenüber nicht abgeneigt. Ich würde mich durchsetzen, da ließ ich nicht mit mir reden. Schließlich willigte sie ein.

Im folgenden Sommer, nach Abschluss meiner Umschulung, tat ich mich mit Neckermann-Reisen zusammen. Suchte ein Ladengeschäft und unterschrieb Verträge. Neckermann richtete mir das komplette Büro ein und ich warb in der Zeitung um fähige Mitarbeiter. Es passierte alles so rasend schnell, dass ich gar nicht wusste, wie mir geschah. Schnell hatte ich ein Team aufgebaut und wir legten los. Der Erfolg stellte sich prompt ein, wir verkauften und verkauften. Ich kam kaum zum Nachdenken. Alle Versprechungen, die ich Annette vorher gegeben hatte, lösten sich in Wohlgefallen auf. Ich war stets und ständig im Büro und liebte es. Neckermann war ein begehrter Reiseveranstalter, dem unsere Kunden vertrauten. Ich hatte auf die richtige Karte gesetzt. Zeitnah kaufte ich einen Firmenwagen und scheffelte gutes Geld. Ich dachte bereits über ein zweites Geschäft nach und sah mich um. Schnell fand ich ein großes Ladenlokal, welches sich hervorragend eignete, und ließ es renovieren. Wieder war Neckermann mein favorisierter Reiseveranstalter. Ich war sehr schnell ganz oben angekommen und platzte fast vor Stolz. Mein Team umfasste mittlerweile eine Crew von zehn Mitarbeitern. Ich war ein fähiger Chef, aber durchaus auch ein strenger. Wenn es nicht so lief, wie ich wollte, konnte ich schon mal laut werden. Mein Team achtete mich und meistens gaben sie auch ihr Bestes. Ich hatte keine Zeit mehr für meine Frau und schon gar nicht für Yvonne. Das pulsierende Frankfurt am Main gefiel mir immer besser als unser ländliches Heim. Hier hatte ich alle Chancen. Die Großstadt und meine Freiheiten reizten mich.

Mittlerweile vergnügte ich mich mit der ein oder anderen Angestellten von mir, war ich doch bei den Damen begehrt. Je mehr Geld ich verdiente, umso größer wurde mein Ego. Selbst als meine Frau mich schließlich um die Scheidung bat, war es für mich kein allzu großer Verlust mehr. Ich war schon viel zu weit im neuen Leben angekommen.

„Jürgen, ich erkenne dich nicht wieder", jammerte Annette. „Du bist so kalt geworden und denkst nur noch an deine Arbeit", warf sie mir vor.

Ich wiederum konterte: „Wer profitiert denn von meinem ganzen Geld? Habe ich dir nicht genug gegeben? Thomas habe ich ein Sparkonto eingerichtet, er kann später sogar mal eine Privatschule besuchen. Und du weißt selbst, dass wir kein richtiges Paar mehr sind. Wir haben uns eben auseinandergelebt", schloss ich beleidigt. Mir war es ganz recht, dass Annette die Scheidung wollte, so hatte ich meine Freiheiten, die ich so dringend brauchte.

„Ich habe meinen Anwalt schon beauftragt", drohte mir Annette nun. „Ich werde mich scheiden lassen, Jürgen, ich meine es ernst."

„Bitte, dann mache es", antwortete ich ihr kalt. „Ich werde meine Reisebüros nicht aufgeben, ich lebe gerade meinen Traum. Wenn du das nicht verstehen kannst, dann ist das so."

Annette weinte. Sie tat mir nicht mal mehr leid, meine Liebe zu ihr war verflogen. So regelten wir den Umgang mit meinem Sohn Thomas und ich zog aus unserem Haus in eine schicke Mietwohnung in Frankfurt. Ich liebte mein neues Leben. Keine Ehefrau mehr, die mich kontrollierte und nach der ich mich richten musste. Ich war endlich frei.

Ich umgab mich nicht nur mit schönen Frauen, ich fing auch an, viel und gerne zu trinken, und verspielte leidenschaftlich und oft mein Geld im Casino. Wenn ich gewann, setzte ich es noch am gleichen Abend wieder ein. Durch die gut laufenden Reisebüros hatte ich immer wieder Nachschub. Ich war ein gemachter Mann! Ich kam kaum dazu, über mich und das Leben nachzudenken, gefiel mir in meiner Rolle und lebte ein unbeschwertes Leben. Wir waren in den Achtziger-Jahren und selbst Drogen liefen an mir nicht spurlos vorbei. Oft und gerne rauchte ich Joints und bediente mich das erste Mal am Kokain, welches mir neue Freunde in einschlägigen Frankfurter Vierteln beschafften. Kokain war die hippste Droge überhaupt und die Wirkung haute mich um. Sie wirkte auf meine Psyche und auf meine Euphorie. Ich war hyperaktiv und trotzdem völlig klar im Kopf. Dabei kamen mir die besten Geschäftsideen. Meine Vitalität schien zudem grenzenlos, ein atemberaubendes Gefühl der Macht. Schnell brauchte ich meine tägliche Dosis, achtete aber darauf, nicht zu viel davon zu nehmen, denn abhängig wollte ich nicht werden. Dabei kam ich mir unfehlbar vor, ich war einfach der Größte und hatte es geschafft.

2) Im Milieu zu Hause

Nun hatte ich zu Herrschaften Kontakt, die einschlägig im Showbusiness bekannt waren. Es erstaunte mich immer wieder, welche bekannten Gesichter man doch traf, wenn man sich nachts im Milieu bewegte. Ob nun berühmte Sportler oder Schauspieler, viele hatten zwei Leben. Eines im Rampenlicht und eines, welches niemand kennen durfte. Ich wurde mehr und mehr hineingezogen in den lebendigen Strudel von Machenschaften, die mich schlussendlich über viele Bekannte, die sich als meine Freunde ausgaben, in die Zuhälterszene brachten.

„Hier kannst du einen Haufen Geld verdienen", sagte mir Clemens. Selbst seit Jahren Zuhälter nahm er sich meiner an und zeigte mir die für mich bis dahin unbekannte Welt. „Jürgen, zuerst baust du dir ein Stammkunden-Netzwerk auf, die Prostituierten vermittle ich dir, keine Sorge. Fang mit fünf Ladys an, da behältst du den Durchblick."

Die schicken Herren, die in der Szene die Damen auf den Strich schickten und sich selbst in Bordellen den sexuellen Kick holten, faszinierten mich. Schnelles Geld, leicht und einfach verdient. Ich verlor den Überblick über mein Vermögen, wollte nur eins, schnell und sicher an neues Geld kommen. Ich rutschte Stück für Stück ab, legte mein Gewissen zur Seite und hatte durch meinen Kokain-Konsum, der mittlerweile doch beachtlich wurde, des Öfteren leichte paranoide Wahrnehmungsstörungen. Ich sah die Welt, wie ich sie sehen wollte. Ein großes Stück bunter Kuchen, von dem ich mir eine große Scheibe abschneiden wollte. Die Damen, die Clemens an mich vermittelte und die ich für mich arbeiten ließ, waren meist ausländischer Herkunft und über dubiose Wege nach Deutschland gekommen. Mich interessierte das jedoch nicht. Wichtig war, dass sie gut und viel für mich arbeiteten und dass ich dabei schnell verdiente. Zog ich mir in den Morgenstunden noch die letzte Linie Kokain, war ich am späten Vormittag in meinen Reisebüros, um nach dem Rechten zu schauen. Die Geschäfte liefen von alleine, der Tourismusmarkt war immer noch ungebrochen erfolgreich. Ich beglückwünschte mich dazu. Dass ich meinen Sohn Thomas schon ein Jahr nicht mehr gesehen hatte, dass ich mittlerweile zu beschäftigt war, um ihn von seiner Mutter im Spessart abzuholen und mit ihm die Wochenenden zu verbringen, verdrängte ich. Thomas musste sich mit meinen Telefonanrufen begnügen. Es würden sicher auch wieder andere Zeiten kommen. Im Hier und Jetzt wollte ich nur genießen.

Ich gab eine Menge Geld aus, fuhr einen Mercedes und kaufte mir eine schicke Eigentumswohnung im Herzen der Stadt, trug die teuersten Anzüge und die schönsten Freizeitklamotten. Für unter hundert Mark kaufte ich mir nicht mal ein Shirt. Mein bester

Freund Wolfgang, der mich ab und zu anrief, bemerkte die radikale Veränderung und redete mir, auch bezüglich meines Kindes, ins Gewissen.

„Jürgen, denk doch mal an Thomas", sagte er ein ums andere Mal. „Der vermisst dich total."

Ich wusste das natürlich, aber ich änderte nichts. Ich wurde sogar immer dreister. Je mehr Drogen ich konsumierte, desto häufiger dachte ich auch über das Dealen nach. Auch hier kam man an schnelles Geld. Da ich mit meiner Körpergröße eine Erscheinung war, respektierte man mich ziemlich schnell in der Szene. Ob nun Zuhälter oder Dealer, ich konnte beides gut in mir vereinen. Ich stand natürlich nicht auf der Straße und verkaufte, es lief alles wie von selbst bei meiner Anwesenheit in den einschlägigen Bordellen oder in den Casinos. Immer top gestylt, stellte ich eine Vertrauensperson für die Käufer dar. Mein bester Abnehmer war Martin, eine gescheiterte Existenz, früher Großunternehmer, heute ein Mann, der fast alles verloren hatte und sich mit Kokain betäubte. An ihn vermittelte ich auch Anastasia, eine meiner besten polnischen Prostituierten. Er buchte sie entsprechend oft, was mir nur entgegenkam. Eine weitere Einnahmequelle für mich war der Schmuckhandel mit Gold. Ich bezog diverse Schmuckstücke über einen Mittelsmann, der wiederum im Showbusiness gute Kontakte hatte. Ich vermehrte mein Geld, wo es nur ging, und war ein beschäftigter Geschäftsmann.

Zu meiner Ex-Frau Annette hatte ich fast keinen Kontakt mehr, wusste aber von Wolfgang, dass sie unseren gemeinsamen Sohn Thomas verwöhnte, wo es nur ging, und sich für ihn aufopferte. Er war mittlerweile zwölf Jahre alt und auffällig in der Schule. Es gab häufig Beschwerden. Er schlug sich, prügelte Jungs aus der Parallelklasse und benutze dabei nicht jugendfreies Vokabular. Annette hatte alle Hände voll zu tun, ihn nicht völlig abdriften zu lassen.

Mittlerweile hatte ich auch wieder eine feste Liaison, denn eigentlich war ich ein Beziehungstyp. Marie hatte ich in meinem Stammcasino kennengelernt, sie verbrachte dort ihre Nachtschichten und arbeitete an der Kassenausgabe. Sie war brünett und äußerst attraktiv, liebevoll und gleichzeitig ziemlich sexy. Sie wusste im Großen und Ganzen über mein Leben Bescheid, es störte sie nicht. Ich umwarb sie mit teuren Luxusartikeln und sie ließ es sich gerne gefallen.

„Jürgen, vielen Dank, das ist ja ein besonders schönes Schmuckstück“, sagte sie, als ich ihr mal wieder einen goldenen Armreif im Etui schenkte. „Das war sicher teuer.“ Sie gab mir einen Kuss.

„Ach, Baby, für dich doch jederzeit gerne“, antwortete ich. Ich fühlte mich großartig.

Ich buchte uns auch ab und zu Reisen in schöne Länder, schließlich saß ich an der Quelle und wir verbrachten hier und da zwei wundervolle Wochen im Süden. Mit Vorliebe flog ich nach Afrika, der schwarze Kontinent hatte es mir schon seit meiner Kindheit angetan. Ich verschlang als Jugendlicher etliche Bücher über meinen verehrten Professor Dr. Grzimek, einen deutschen Tiermediziner, Zoologen, Tierschützer und Verhaltensforscher. Er war langjähriger Direktor des Frankfurter Zoos, Tierfilmer, Autor und Herausgeber von Tierbüchern. Seinen Dokumentarfilm „Serengeti darf nicht sterben“ hatte ich Dutzende Male gesehen. Tansania und Kenia faszinierten mich dabei besonders. Die atemberaubende Tierwelt Afrikas auf einer Safari hautnah zu erleben, war seit jeher mein Traum. Nun konnte ich ihn mir sogar mit Marie leisten. Meine Freundin war aus einfachem Hause, ihre Eltern besaßen nicht viel. Sie selbst kam mit wenig aus, sie war es nicht anders gewohnt. Für Marie eröffneten sich jetzt mit mir an ihrer Seite ganz neue Welten, die sie nur zu gerne mit mir entdeckte. In unserer Beziehung hatte selbstverständlich ich das Sagen. So buchte ich auf den Spuren von Grzimek eine erneute Reise nach Tansania im Frühjahr 1984, diesmal für mich das dritte, für Marie das erste Mal. Nahe des Ngorongoro-Kraters steht ein berühmtes Denkmal für Grzimeks tödlich verunglückten Sohn. Die Einheimischen in Tansania wissen durchaus, dass die Grzimeks dem Land Gutes gebracht haben. Zum einen die Förderung des Naturschutzes, zum anderen brachten sie damit Touristen ins Land. Dorthin wollte ich.

„Wir verbinden unseren Besuch in Tansania mit einer neuntägigen Safari“, machte ich Marie den Mund wässrig. „Danach erholen wir uns auf Sansibar. Du wirst schon sehen, es wird unvergesslich.“

Ich buchte einen Deutsch sprechenden Fahrer und Guide für unsere Safaritour und einen Landrover mit offenem Dach für unsere Tierexpeditionen. Da Marie wenig Englisch verstand, wollte ich ihr den Urlaubstrip so angenehm wie möglich gestalten. Ich kaufte ihr sogar einen Reiseführer und bat sie im Vorfeld, diesen aufmerksam zu lesen.

„Du wirst sehen, dieses Land ist faszinierend“, schwärmte ich ihr vor. Marie hatte viele Fragen an mich und konnte sich nicht so recht vorstellen, dass man afrikanische Wildtiere in ihrer natürlichen Umgebung beobachten kann. „Bei meinen letzten beiden Reisen habe ich eine Vielzahl an Tieren gesehen“, erzählte ich ihr stolz. „Sogar Leoparden.“ Ich deutete ihr mit beiden Händen eine Größe von knapp zwei Metern an. „Wunderschöne Tiere. Der Gehörsinn ist ausgezeichnet entwickelt und zum Angriff schießen sie mit einer Schnelligkeit aus dem Hinterhalt hervor und stürzen sich auf ihre Beute. Mit einem einzigen Biss strecken sie sie nieder. Habe ich alles erleben dürfen und das wirst du auch“, erklärte ich ihr stolz.

Und es wurde wahrhaftig zu einer Traumreise. Mit Anderson als Guide hatten wir besonders Glück. Er brachte uns nicht nur die beeindruckende Tierwelt nahe, sondern auch die Menschen, deren Gedanken und Lebensgefühl. Unterwegs pflückte Anderson auch einige Heilpflanzen und erklärte uns deren Wirkung. Marie war begeistert. Sie kaufte sich sogar typische Safarikleidung und ich war unheimlich stolz auf sie. Süß sah sie aus in ihrer khakifarbenen Leinenbluse und den passenden Hosen dazu. Auch ein Safarihut durfte nicht fehlen. Sie band ihn unter dem Kinn zusammen. Leider plagten sie die Mücken sehr und sie hatte furchtbare Angst vor Malaria, trotz der Vorsorgemaßnahmen. Ich versuchte, sie zu beruhigen. Ich hatte diese Probleme weniger und fühlte mich heimisch und eins mit diesem atemberaubenden Land. Wir sahen Giraffen, Unmengen an Zebra- und Giraffenherden, Impalas und Gnus. Schlussendlich hatten wir auch die Big Five geknackt: Löwen, Elefanten, Nashörner, Büffel und Leoparden – alle hatten wir gesehen. Abends in den Camps und Lodge-Unterkünften hörten wir das Brüllen der Löwen in der Nacht. Der Wind wehte es zu uns. Löwen sind majestätische Tiere und ich liebte es besonders, sie in der freien Wildbahn zu beobachten. Ich freute mich auf jeden neuen Tag, wenn auch die Nächte in Afrika nicht minder schön waren. Ein unglaublicher Sternenhimmel tat sich vor unseren Augen auf. So nah, dass man das Gefühl hatte, man müsse nur die Hand ausstrecken. Kerzen und Fackeln erhellten die Nacht und zauberten eine Atmosphäre, die ihresgleichen suchte. Die Romantik am Lagerfeuer war unübertroffen und wir saßen oft bis spät dort, uns an den Händen haltend. Stets ließ ich mir einen einheimischen Whiskey bringen und genoss die Nähe zu Marie. Starker Alkohol schmeckte mir hier besonders gut und war irgendwie auch obligatorisch. In Tansania überlebte man nur ohne Magenbeschwerden, wenn man ordentlich Whiskey trank. Ein willkommener Anlass für mich, immer wieder zuzugreifen.

„Gibst du mir auch ein Glas?“ Marie fragte mich das neuerdings öfter. Mir fiel auf, dass auch sie gerne trank. Von schmaler Statur konnte der starke Alkohol bei ihr schnell seine Wirkung entfalten. Ab und zu machte ich mir Sorgen um sie, denn sicher war es nicht gut, wenn Marie so zulangte. Ihre Gesundheit war mir wichtig, denn ich liebte sie. Marie war mir so dankbar, eine solche außergewöhnliche Reise erleben zu dürfen, dass sie mir immer wieder sagte, wie gerne sie doch heiraten würde. Leider war sie bei mir da an der falschen Adresse. Noch einmal würde ich nicht den gleichen Fehler begehen. Aber ich war gerne mit ihr zusammen und wenn sie trinken wollte, nun, dann sollte sie.

Ich schob Marie ein volles Glas herüber. „Hier, trink, Liebling“, sagte ich. „Heia Safari“. Ist das Leben nicht schön?

„Rien ne va plus“ – nichts geht mehr. Der Croupier am Roulettetisch wiederholte seinen Satz nun schon zum zweiten Mal. Unsere Tansaniareise lag nun schon einige Wochen zurück und ich verspielte mal wieder mein Geld im Casino. Dabei leerte ich Glas um Glas meiner Lieblings-Scotch-Marke. Ich hatte durchaus Probleme. Eines meiner Reisebüros lief nicht mehr wie gewünscht. Ich hatte mich wenig bis gar nicht gekümmert. Die Mitarbeiterinnen hatten sich nach und nach verabschiedet. Das Betriebsklima wäre schlecht, klagte eine von ihnen. Die andere meinte, woanders mehr Geld zu verdienen. Untereinander zerstritten hätte das Team Führung gebraucht. Was herrschte, war Anarchie. Ich war fast nie zugegen gewesen. Der persönliche Einsatz der Bürodamen ließ zu wünschen übrig. Zudem zahlte ich schlecht, weder Weihnachts- noch Urlaubsgeld. Ebenfalls hatte ich es versäumt, eine Büroleitung zu engagieren und entsprechend zu entlohnen. Ich hatte auf ganzer Linie versagt. Zudem saß mir die Steuer im Nacken. Längst fällige Rechnungen hatte ich versäumt zu zahlen. Ich hatte keinen wirklichen Einblick mehr in meine Bücher und entsprechend stellten sich mir die Nackenhaare auf. Besagtes Büro würde ich demnächst schließen müssen. Ich konnte kaum noch klar denken, brauchte schon morgens meinen ersten Whiskey, um überhaupt in den Tag starten zu können. Wenigstens hatte ich meinen Kokain-Verbrauch reduziert. Marie, die mittlerweile einen Job in einem renommierten Möbelhaus angenommen hatte, war tagsüber nun nicht mehr für mich greifbar, mir fehlte ihre mentale Unterstützung.

Ich sah der Kugel zu, wie sie im Roulette-Kessel rollte. Als sie liegen blieb, hatte ich wieder verloren. Diesmal eine schmerzhaft hohe Summe. Ich setzte gleich noch mal. Vielleicht hatte ich ja diesmal Glück. Ich muss wenigstens ein Reisebüro retten, schoss es mir durch den Kopf. Ich musste neue, fähige Mitarbeiter suchen oder die noch vorhandenen schulen und angemessener bezahlen. Allein, mir fehlte die Kraft.

Tief im Inneren wusste ich, ich war ein Alkoholiker. Das morgendliche Zittern verriet es mir. Auch liefen meine anderen Einnahmequellen nicht mehr wie früher. Wer vertraute schon einem Zuhälter, der stets betrunken war und nach Alkohol stank. Meine körperliche Verfassung ließ zu wünschen übrig. Zudem hatte ich jetzt öfters Schmerzen in der Herzgegend, die ich zu ignorieren versuchte. Die Kugel rollte wieder – rien ne va plus. Schon wieder verloren. Frustriert stand ich auf und verließ das Casino. Ich irrte ziellos durch die Straßen, nach Hause wollte ich noch nicht. Mir tat das verspielte Geld leid. „Was machst du nur, Junge?“, fragte ich mich selbst. Wie nur aus dem ganzen Schlamassel wieder herauskommen? Morgen versuchst du es einfach noch mal, schoss es mir durch den Kopf. Die Pechsträhne im Casino musste ja auch mal ein Ende haben.

„Gestern war hier eine große Razzia“, empfing mich Beatrice am Entree des Bordells, in dem ich zu späterer Stunde noch auftauchte. Sie wusste um meine Drogengeschäfte mit gut betuchten, männlichen Bordellbesuchern. „Pass auf, sag ich dir.“ Sie sah mich ängstlich an. „Es sollen jetzt in der Stadt wiederholt Kontrollen stattfinden, habe ich gehört.“

Das hatte mir gerade noch gefehlt. Mein verlässlicher Mittelsmann war sowieso verschwunden. Seltsamerweise konnte ich ihn seit drei Wochen weder persönlich noch übers Telefon erreichen. Er war wie vom Erdboden verschluckt. Ich kam nicht an neuen Stoff für meine Geschäfte heran. Es war zum Verzweifeln!

„Willst du hochgehen?“, holte mich Beatrice aus meinem Gedanken. „Natalia ist gerade frei und sie würde dich auf andere Gedanken bringen.“

Kurz fiel mir Marie ein, aber dann dachte ich bei mir, du brauchst jetzt was Gutes, Junge, lass dich verwöhnen. Ich schaute Beatrice an und nickte. Langsam stieg ich die Treppen zum ersten Stock hoch. Natalia empfing mich im schwarzen Seidennegligé und sah mich herausfordernd an. Wir kannten uns bisher nur vom Sehen. Auch sie kam aus dem Ostblock und sprach gebrochenes Deutsch. Seit einigen Jahren schon im Geschäft, genoss sie bereits eine stattliche Anzahl an Stammfreiern.

Die wenigen Worte, die sie gebrauchen musste, um sich mit einzelnen Kunden zu verständigen, beherrschte sie perfekt. Ich sah mich im Zimmer um. Schäbig und doch irgendwie passend zur Situation, sah ich renovierungsbedürftige Tapeten an den Wänden und graue Teppiche auf dem Boden. Wenigstens das Bett war sauber und Natalia zog mich zu sich.

„Wie willst du es haben?“, fragte sie mich verführerisch. „Ich mache alles, was du willst, du bist so sexy“, hauchte sie mir ins Ohr. Sie knöpfte mein Hemd auf und ließ es langsam zu Boden gleiten, machte sich an meiner Hose zu schaffen und verwöhnte mich dann mit ihrem verführerischen Mund, bis ich kam. Danach fühlte ich mich befriedigt, jedoch war meine Wut über meine finanzielle Gesamtsituation, in der ich mich gerade befand, nicht verraucht und so drehte ich den Spieß nach kürzester Zeit um und nahm mir Natalia noch einmal kurz, äußerst hart und heftig. Sie war mir egal. Mir war derzeit alles egal. Sie ist eine Prostituierte, sie wird es nicht anders kennen, schoss es mir durch den Kopf. Ich musste meine Verbitterung loswerden. Irgendwie. Harter Sex war da ein gutes Mittel.

Natalia ließ alles mit sich machen, sie stöhnte dabei noch wild und aufregend, trotz meiner inneren Wut, die ich irgendwie versuchte, an ihr abzureagieren.

Später saß ich unten an der Bar und trank meinen letzten Whiskey. Ich musste nach Hause, der Morgen graute bereits. Gott sei Dank war Marie nicht wie meine Ex-Frau. Ich hatte das Sagen in unserer Beziehung und kam nach Hause, wann ich wollte.

Als ich die Tür aufschloss, war Marie schon aufgestanden. Kurz plagte mich mein schlechtes Gewissen, aber ich verdrängte es meisterhaft. Ich ging ins Bad und unter die warme Dusche. Sie tat mir gut. Du hast heute mindestens zweitausend Mark verbrannt, dachte ich unter dem Strahl des warmen Wassers. Erst das Casino und dann Natalia, schoss es mir durch den Kopf. Du musst irgendwie an Geld kommen. Nur wie? Ich zermarterte mir das Hirn. Ich weinte den Zeiten hinterher, als mir alles zuflog und ich Geld wie Heu hatte. Mich wieder einschränken zu müssen, missfiel mir sehr.

Ich stieg aus der Dusche und ging ins Wohnzimmer. Dort schenkte ich mir einen Scotch ein und schaute auf die Uhr. Es war bereits nach sieben und Marie machte sich für die Arbeit fertig. Kein Wort verlor sie darüber, wo ich heute Nacht gewesen war. Sie liebte mich und wusste intuitiv, dass ich nur mit einer sehr langen Leine zu halten war. Als meine Freundin unsere Wohnung verließ, schenkte ich mir noch einmal nach. Das Trinken musste aufhören.

Ach, wenn es nur so einfach wäre. Ich hatte schon längst die Kontrolle verloren. Heute würde ich wieder nicht in den Büros vorbeischauen.

Schlafen und ausnüchtern. Ich konnte ja schlecht so zu meinen Damen gehen. Erschöpft ging ich ins Bett und schlief einige Stunden, um am Abend das gleiche Spiel von vorne zu beginnen. Casino – die Kugel rollte wieder, der Whiskey floss.

Marie war es schließlich, die mich etwas wachrüttelte und es zumindest nach einigen Wochen schaffte, dass ich beruflich reinen Tisch machte. Ich trennte mich von meinem ersten Reisebüro und schloss es schweren Herzens. Es waren sowieso fast keine Mitarbeiter mehr da und mir fehlten die Energie und das Geld, Neue zu suchen und dem Laden wieder Schwung zu verleihen. Ich löste also Geschäftskonten samt Daueraufträgen auf, verschaffte mir einen Überblick über Forderungen und Verbindlichkeiten und versuchte, Schulden zu tilgen. Es kostete mich unglaublich viel Kraft, denn ich war nach wie vor ein Alkoholiker und nur begrenzt im Stande, einige Stunden am Stück konzentriert zu arbeiten. Zudem wollte und konnte ich es nicht glauben, dass ich es so weit hatte kommen lassen. Als ich alles einigermaßen geregelt hatte, suchte ich mir eine Suchtklinik. Ich hatte bestimmt Vorurteile im Kopf und daher den Gang des Grauens nie gewagt. Wie würde es wohl werden? Ich hatte Angst davor, denn meine Freiheiten waren mir heilig. Sie versprachen mir eine Alkoholentwöhnung innerhalb von vier Wochen. Körper, Geist und Seele sollten zur Ruhe kommen und den Grundstein für ein suchtfreies Leben bilden. Genau das wollte ich. Endlich wieder klare Gedanken haben. Ich wusste, wenn ich frei von Sucht wäre, würde sich auch der berufliche Erfolg wieder einstellen. Ich hatte nicht vergessen, was ich imstande war, zu leisten. Schließlich war ich mal sehr erfolgreich gewesen.

So begab ich mich also in Therapie. Alles, was Alkohol enthielt, wurde von der Klinik konfisziert, auch mein Rasier- und Mundwasser. Dann wurde ich darüber aufgeklärt, dass Sucht und Abhängigkeit mehrere Gesichter haben. Neben stoffgebundenen Süchten wie Alkohol und Drogen existieren auch noch stoffungebundene, wie Spielsucht. Beide bedürfen unterschiedlicher Behandlungen und beide Süchte hatte ich. Ich wollte Kontrolle über mein Leben zurückerhalten und hoffte, man könne mir schnell und zielgerichtet helfen. Ich bemühte mich wirklich, meisterte die ausführlichen Vorgespräche, die nachfolgende Entgiftung und Entwöhnung vom Alkohol besser als gedacht und ging montags bis freitags pünktlich zu meinen Therapiestunden.

An den Wochenenden besuchte mich Marie und wir spazierten im angrenzenden Park Hand in Hand. Trotzdem war der wöchentliche Ablauf in der Klinik sehr trist, zudem gab es ausreichende Überwachungskameras, die mich störten. Jeden Tag kamen die Ärzte zur Visite und maßen meinen Blutdruck.

Ich wurde medikamentös eingestellt. Ich bekam nicht nur Beruhigungsmittel, sondern auch magenschützende Medizin und Vitamine. Nun, wenn es hilft, dachte ich bei mir. Da ich keinen Fernseher in meinem Einzelzimmer hatte, begab ich mich unfreiwillig zur Ergotherapie. Gruppenarbeit in Form von Beschäftigungstherapie war gar nicht meins. Aber mein Körper sollte sich entspannen und herunterfahren. Um mich herum gab es einige Sozialarbeiter und Pädagogen, die versuchten, in mein Innerstes vorzudringen. Mir missfiel das. Was ging sie mein Leben an? Ich hatte keine Lust auf Seelenstriptease. Aber sie bohrten immer und immer weiter. Vor allem fiel es mir schwer, in der Gruppe der Alkoholabhängigen zu reden. Wir saßen im Kreis und ich hatte das Gefühl, alle anderen Teilnehmer hatten große Bedürfnisse, sich auszusprechen. Nur ich nicht. Besonders fiel mir ein Mann namens Frank auf, der eine gescheiterte Existenz und ganz unten angekommen war. Früher einmal erfolgreich, heute ein Niemand. Arbeitslos, hilflos, dem Tod näher als dem Leben. Ähnlich fühlte ich mich auch, aber das würde ich niemandem auf die Nase binden. Frank sah furchtbar aus. Er hatte nicht nur einen schrecklich dünnen Körper, sondern auch ergrautes Haar und seinem Gesicht sah man die Drogensucht an.

Augenringe und starke Falten prägten seine graue Gesichtshaut. Ich hoffte zumindest, dass mir dieses Aussehen erspart bleiben würde. Ich sah doch noch ganz passabel aus. Jedenfalls hatte ich nie Probleme, Frauen kennenzulernen und zu erobern. Ich dachte wieder an Marie. Sie war ganz alleine bei uns zu Hause und fühlte sich dabei nicht wohl, wie sie mir bei ihren kurzen Besuchen gestand. Eine Woge der Liebe für sie umspülte mich und ich hoffte, dass ich bald wieder hier herauskam.

Drei Wochen war ich nun schon in der Klinik und sollte in acht Tagen entlassen werden. Ehrlich gesagt, ich wusste nicht, ob ich geheilt war. Wenn ich an meine Lieblings-Scotch-Marke dachte, lief mir das Wasser im Mund zusammen. Auch hatte ich das dringende Bedürfnis, mein Stammcasino aufzusuchen. Das schnelle Geld lockte mich immer noch sehr. Dass ich meist verlor, verbannte ich aus meinen Gedanken.

„Herr Schönburg, wie geht es Ihnen denn heute?" Der Weckdienst riss mich aus meinen Gedanken, es war zeitig früh am Morgen und ich war schon lange wach, lag im Bett und hing meinen Gedanken nach.

„Gut", antworte ich kurz und knapp. Jürgen, reiß dich zusammen, sagte ich zu mir selbst. Die können ja nichts dafür, dass du dich hier nicht wohlfühlst. Dafür stand heute ein besonderes Highlight auf dem Programm. Wolfgang wollte mich besuchen kommen, wie schön. Ein Grund, aufzustehen. Ich ging ins Bad und duschte. Ich dachte über meinen besten Freund nach, während mir das Wasser den Körper herunterlief. Wolfgang lebte sein familiäres Leben weiter, er hatte sich weder von seiner Frau getrennt, noch kam er auf schräge Gedanken. Leider kinderlos geblieben, liebten sich beide Eheleute immer noch sehr. So hätte es bei mir auch laufen können. Ich war leider nicht der Typ dafür. Was hatte ich nicht alles erlebt seit der Scheidung von Annette. Aber Marie wollte ich nicht mehr missen.

Wolfgang würde am späten Nachmittag zu mir kommen. Es war Wochenende und wir hatten vor, in den Park zu gehen. Männergespräche führen. Das war viel besser als die langweiligen Therapiestunden. Wolfgang war mir immer ein loyaler Freund gewesen, egal, was ich angestellt hatte. Dafür liebte ich ihn. Ich stellte die Dusche ab, zog mich an und verbrachte die kommenden Stunden in aufgeregter Erwartung.

„Wolfgang, altes Haus“, begrüßte ich meinen Freund am frühen Abend. „Wie geht es dir?“

Wolfgang lachte. Er klopfte mir kameradschaftlich auf die Schultern und wir umarmten uns zur Begrüßung innig.

„Alles bestens“, antwortete er und stellte die Gegenfrage.

„Hör bloß auf.“ Ich machte eine wegwerfende Handbewegung. „Hier ist es schrecklich.“

Wolfgang wurde ernst. „Wie ist deine Genesung fortgeschritten?“, fragte er mich. „Wirst du ohne Alkohol draußen klarkommen?“

Ich dachte kurz nach und entschloss mich, meinen Freund zu beruhigen. „Wolfgang, das wird schon, ich schaffe das“, antwortete ich voller Optimismus. „Wie geht es deiner Frau?“, versuchte ich schnell abzulenken.

„Gut, sehr gut, danke der Nachfrage“, antwortete mein bester Freund. „Wir haben uns zwei kleine Katzen zugelegt. Sehr süß, die beiden“, erzählte er.

Ich sah meinen Freund von der Seite an. Gut sah er aus, zufrieden und glücklich. Das freute mich sehr. Schön, dass Wolfgang hier war.

Endlich war der Tag meiner Entlassung gekommen. Ich packte freudestrahlend meine Siebensachen zusammen, Marie wollte mich abholen. Von guten Ratschlägen der Therapeuten und Ärzte begleitet, holte ich meinen Entlassungsschein ab. So eine Therapie würde ich nie wieder machen. Es waren schreckliche vier Wochen. Wie freute ich mich auf Marie, sie wollte mich in zwei Stunden abholen. Ich musste gleich morgen in mein Reisebüro schauen, hoffentlich lief dort alles zufriedenstellend. Ich hatte mich nicht gekümmert und auch die aktuellen Verkaufszahlen nicht im Kopf. Ich benötigte dringend Geld und hoffte auf gutes Business. Immerhin war die Reiselust der Deutschen ungebrochen, da dürfte es nicht schwerfallen, Umsatz zu machen.

„Hallo, mein Schatz“, begrüßte ich Marie lächelnd kurze Zeit später. Sie gab mir einen Kuss und ich stellte fest, dass sie dünner geworden war. „Isst du regelmäßig?“, fragte ich besorgt.

„Ach ja, natürlich, aber ich bin von der Arbeit erschöpft und ausgebrannt. Ich bräuchte mal wieder Urlaub“, antwortete sie mir.

Ferien könnten mir jetzt auch gefallen, dachte ich. Aber erst einmal musste ich meine Geschäfte wieder in Wallung bringen. Sehen, was noch und vor allem wieder möglich war. Mir juckten die Finger. Ich wollte wieder in das aufregende Frankfurter Leben zurück und schauen, was es mir einbringen konnte. Ich musste zugeben, dass mir die vier Wochen Klinikaufenthalt doch gutgetan hatten. Mein Körper hatte die Auszeit gebraucht. Vor allem aber die Entwöhnung vom Alkohol. Ob es dabei bleiben würde? Ich wollte es auf alle Fälle versuchen. Marie hatte ein schönes Leben an meiner Seite verdient. Ich wollte das mit dem Urlaub auf jeden Fall in den nächsten Wochen angehen, dafür brauchte ich aber Geld. Mir schwebte eine schöne Fernreise vor, eventuell auf die Malediven oder wieder in mein geliebtes Afrika. Zwei Wochen Sonne pur, das bräuchten wir jetzt, seufzte ich ganz in Gedanken versunken. Ich erinnerte mich gerne an meine Reisen, es war immer traumhaft schön gewesen und ich vermisste das. Das Wetter in Deutschland ließ zu wünschen übrig. Palmen, türkisblaues Meer und freundliche, herzliche Menschen wären jetzt genau richtig und Balsam für meine Seele. Noch dachte ich, dass sich alles zum Guten wenden würde, jetzt da ich wieder fit war. Mein Körper strotzte vor Kraft und Energie. Vor vier Wochen sah das noch ganz anders aus. Die Erholung war zur richtigen Zeit gekommen.

Ich schaute ein letztes Mal zur Klinik und verabschiedete mich auf Nimmerwiedersehen davon. Nie wieder, das schwor ich mir, würde ich dorthin zurückkehren. Ich nahm Marie in den Arm und wir gingen zum Auto auf dem Parkplatz. Ich freute mich schon auf unsere schöne Wohnung und auf ein kühles Bier. Ach ja, richtig, ich durfte ja nicht mehr. Fast hätte ich es vergessen.

3) Abwärtsspirale

Meine Eigentumswohnung wurde gepfändet, mein Mercedes konfisziert. Ich musste aus Kostengründen mit Marie in eine Zweieinhalbzimmerwohnung ziehen. Wir teilten uns von nun an die Miete. Was war passiert? Mein verbliebenes Reisebüro war in die Schlagzeilen geraten. Einige Mitarbeiterinnen hatten in die eigene Tasche gewirtschaftet, monatelang. Es floss einiges an Bargeld und ich hatte ihnen die Kasse anvertraut. Gut vertuscht hatten sie es vor mir verbergen können. Nun fehlte das Geld, um die Kunden entsprechend in die jeweiligen gebuchten Urlaube fliegen zu lassen. Die Reiseveranstalter saßen mir im Nacken, wollten ihre Beträge überwiesen wissen. Meine Erholung durch die Klinik war dahin. Ich flüchtete mich wieder in den Alkohol und trank wie eh und je. Ich hätte mich der Situation stellen sollen, nüchtern und mit Tatendrang. Ich konnte es nicht! Je mehr Probleme auf mich zukamen, umso mehr verlor ich den Halt. Marie hielt zu mir. Wir lebten nun sehr bescheiden und ich musste mich kolossal umstellen. Für meine Freundin war es weniger tragisch, für mich der Horror. Auch zu meinem Sohn Thomas hatte ich den Kontakt mittlerweile komplett einschlafen lassen. Was war ich nur für ein Vater und Mensch?

Wolfgang unterrichtete mich weiterhin verlässlich über den Werdegang meines Sohnes. Er hatte eine

Ausbildung zum Schlosser begonnen und war nach wie vor ein Problemkind. Ich hätte mich kümmern müssen, konnte mir jedoch nicht mal selbst helfen. Es kamen nun Zeiten auf mich zu, wo ich mir überlegen musste, was ich einkaufte, wie viel Geld ich noch zur Verfügung hatte und wie lange die Lebensmittel wohl reichen würden. Ich beschloss, das Reisebüro zu schließen, und rettete, was zu retten war. Übrig blieben jedoch fast nur Schulden. Ich musste mir einen Job suchen, mich aufrappeln. Frankfurt am Main war groß und es gab genug Möglichkeiten.

Nur musste ich mit dem Trinken aufhören. Ein fast unmögliches Unterfangen, denn ich trank nun mehr als vor meinem Klinikaufenthalt. Ich konnte und wollte es einfach nicht glauben, dass meine Existenz dahin war. Selbst schuld, sagte ich mir immer wieder. Wenn der Chef nicht im Büro ist und wochenlang verschwunden bleibt, dann kann nur so etwas dabei herauskommen. Mir lag es wie ein Stein im Magen. Ich hatte alles gehabt und nun alles durch meine eigene Unzulänglichkeit verspielt. Immer wieder klagte ich mich an, saß teilnahmslos in unserer neuen Wohnung und goss mir einen Schnaps nach dem anderen ein.

Wieder war es Marie, die dafür sorgte, dass ich mich nach und nach aufrappelte. Sie wurde nicht müde, mir in den Ohren zu liegen, endlich zu handeln.

Einige Wochen später fruchteten Maries Worte endlich. Ich schlug die Zeitung auf und schaute mich nach Annoncen um. Ich grübelte. Ich benötigte eine neue Arbeit, die mir einiges einbrachte und gut bezahlt war. Ich wollte in der Tourismusbranche bleiben, das stand für mich fest. Und eines Tages hatte ich Glück. Ich fand die Anzeige eines hiesigen Reiseveranstalters, der Spezialist für das Land Kenia war. Das war es! Sie suchten einen Außendienstmitarbeiter, der Firmenwagen wurde gestellt. Ich rappelte mich auf und versuchte, meinen Alkoholkonsum so weit wie möglich herunterzufahren. Ich schrieb meine Bewerbung. Zwei Wochen später erhielt ich die Zusage zum Vorstellungsgespräch. Ich freute mich sehr und versuchte weiterhin, so wenig wie möglich zu trinken. Noch gelang es mir nicht, den Alkohol gänzlich wegzulassen, aber ich bemühte mich. Wenigstens hatte ich mir geschworen, am Vorabend des Gespräches und am folgenden Tag nüchtern zu bleiben.

So kam der Tag, der für mich so wichtig war, in schnellen Schritten näher. Ich gab mein Bestes und verkaufte mich wie in meinen früheren Zeiten. Mein bester Anzug war genau richtig für dieses Treffen und die nette Dame, Frau Gebhardt, überzeugte ich mit meinem Charisma.

„Wann könnten Sie denn anfangen?“, fragt sie mich.

„Ich wäre sofort einsatzbereit“, antwortete ich lächelnd.

„Ihre Aufgaben bestehen darin, unsere Filialen in ganz Deutschland regelmäßig zu besuchen und hauseigene Kataloge vorbeizubringen. Weiterhin führen Sie Gespräche mit den jeweiligen Büroleitern über den Umsatz und haben diesen im Blick“, fuhr sie fort. „Sie fahren zudem einmal im Jahr als Begleitperson unserer ausgeschriebenen Gruppenreisen nach Kenia und führen diese professionell. Land und Leute lernen Sie vorher auf Informationsreisen kennen.“

Es klang wie ein Traum. Ich musste schlucken. Sollte ich wieder einmal Glück haben? Als Frau Gebhardt mir noch das angemessene Gehalt nannte, empfand ich seit Langem wieder pure Lebensfreude. So begann ich, wieder regelmäßig zu arbeiten. Der Vertrag war unterschrieben und mich erfüllte meine Tätigkeit vollkommen. Ich durfte bereits, nach Beendigung meiner Probezeit von sechs Monaten, nach Kenia reisen. Die Infotour war mit weiteren zwanzig Mitarbeitern der Firma geplant und Frau Gebhardt begleitete uns persönlich. Sie war zuständig für die Einarbeitung neuer Mitarbeiter und darüber hinaus auch für die Reisen der Angestellten.

So begann mein erster Trip nach Kenia. Im November 1990 hoben wir endlich mit dem Ferienflieger ab. Feuchtwarme Luft empfing mich, als wir in

Mombasa landeten. Tropische Hitze und leichter Niederschlag erwarteten mich. Regenzeit in Kenia. Mir war es egal, Hauptsache, ich war wieder in meinem geliebten Afrika.

„Jambo", hörten wir den Reiseleiter im Transferbus sagen, „Karibu – Willkommen!"

Dann fuhren wir durch Mombasa. Die Eindrücke dort würde ich lange nicht mehr aus dem Kopf bekommen. Armut, so weit das Auge reichte, Dreck und Gestank, aber paradoxerweise winkende, freundliche Menschen. Unser Hotel lag an der Nordküste und bot neben einem atemberaubend weißen Strand alle Annehmlichkeiten eines Viersternehauses. Mit Trommelschlägen wurden wir empfangen. Die freundlichen, kenianischen Servicekräfte reichten jedem von uns ein Erfrischungsgetränk. Wir schwitzten und tranken hastig. Wieder hörten wir die Begrüßungstrommeln und dazu wurde gesungen. „Jambo, Jambo Bwana …" Sie sangen so wunderschön, dass ich Gänsehaut bekam.

Wir checkten ein und ich erhielt sogar ein Einzelzimmer. Als ich die Flügeltüren meines Balkons öffnete, stockte mir der Atem. Ein Palmenmeer breitete sich vor meinem Auge aus. Die Poollandschaft war riesig und gekrönt von einem beeindruckenden Wasserfall. Das Paradies auf Erden! Durch die Palmenwipfel erhaschte ich einen Blick auf den Indischen Ozean. Was für eine Wonne. Bereits zwei

Stunden später wurden wir mit Zettel und Stift bewaffnet von Frau Gebhardt durch die Hotelanlage geführt, um möglichst viele Informationen festzuhalten. Welche Zimmerkategorien gab es, wo befanden sich die Speisesäle – es gab so viel zu entdecken. Pro Tag waren bis zu fünf weitere Hotelbesichtigungen der umliegenden Anlagen geplant und dann das Highlight schlechthin, eine dreitägige Safari in den Tsavo-und-Amboseli-Nationalpark. Ich hörte genau zu, was Frau Gebhardt uns alles erklärte, und saugte jeden Augenblick mit Herz und Verstand auf. Hier sollte ich schon im nächsten Jahr Gruppen nach Kenia begleiten und diese führen. Was hatte ich nur für ein Glück? Ich schaute mir viel von Frau Gebhardt ab und vor meinem geistigen Auge führte ich bereits unsere Reisegruppe.

„Pssst …, schaut da! Ein Löwe!“ Unser Guide zeigte mit dem ausgestreckten Finger auf die vor uns liegende Savanne. Wir waren auf Safari im Tsavo. Unser Geländewagen ruckelte und zuckelte. Vor mir lag glutrotes weites Land. Der Nationalpark lag unter einer Schicht aus rotem Laterit. Was für ein Anblick. Die roten Elefanten des Tsavo waren weltberühmt, denn sie stäubten sich zum Schutz vor Fliegen mit eben jener Erde ein. Wir hatten schon riesige Elefantenherden sehen dürfen. Nun kamen Löwen hinzu. Morgen würden wir in den Amboseli fahren, dort erwartete uns der weltberühmte Kilimanjaro. In Tansania zu Hause, erstreckten sich seine Ausläufer bis nach Kenia und man sah ihn im Amboseli-Nationalpark in seiner vollen Pracht. Der riesige Berg war Mythos und Abenteuer zugleich. Irgendwann würde ich ihn besteigen. Heute jedoch genoss ich die ausgedehnte Pirschfahrt und das weite Land Ostafrikas. Auch hier begleitete uns neben Rama, unserem Führer, wieder Frau Gebhardt.

Wir sollten Lodges und auch Zeltunterkünfte im Nationalpark kennenlernen. Hierzu waren wieder viele Besichtigungen auf unserer Rundreise geplant. Die Safariunterkünfte boten, ähnlich wie in Tansania, ein beeindruckendes afrikanisches Flair. Mit tollen Holzschnitzarbeiten dekoriert, befanden wir uns zwar mitten im Busch, hatten aber alle Annehmlichkeiten eines Hotelzimmers inklusive romantischem Moskitonetz über dem Bett. Es gab sogar für jeden eine separate Toilette. Nichts mit Gemeinschaftsbad. Die Lagerfeuer-Atmosphäre und die Geräusche der Tiere in der Nacht hielten mich vollkommen gefangen.

Die acht Tage waren leider viel zu schnell vorbei und ich landete in Frankfurt bei Schnee und Kälte. Ich brachte mich wieder voll in meinem Job ein. Wir hatten Filialen in allen wichtigen Städten Deutschlands, sogar in Freiburg. Ich fuhr nach Köln, Hamburg und Berlin. Ich motivierte die Damen in den jeweiligen Reisebüros nicht nur, ich sprühte sogar wieder vor Energie und Lebenslust. Den Alkohol hatte ich auf ein Maß reduziert, mit dem ich leben konnte. Nur Marie machte mir ernsthaft Sorgen. Sie trank mittlerweile bereits morgens vor der Arbeit und abends bis spät in die Nacht. Dabei hatte sie neuerdings des Öfteren Bauchschmerzen und quälte sich. Schwindelgefühle kamen hinzu. Ich nötigte sie immer wieder, einen Arzt aufzusuchen.

„Ich will nicht“, antwortete sie mir jedes Mal und schlussendlich ließ ich es bleiben. Ich war dermaßen mit meinem Job beschäftigt, dass ich meine Freundin sowieso selten sah. Dass Marie auch ungewöhnlich wenig aß und dafür umso mehr trank, bekam ich kaum mit. Sie war ein so zartes Persönchen, dass es mir nicht weiter auffiel, dass sie immer mehr abnahm.

Im Sommer 1991 trat ich endlich das erste Mal als Gruppenleiter in Aktion. Ich sollte eine neunundzwanzig Mann starke Reisegruppe nach Kenia begleiten. Wie freute ich mich. Geplant waren zwei Wochen inklusive einer fünftägigen Flug/Jeep-Safari bis in die Masai Mara und nach Nairobi. Eine Tagestour durch die Hafenstadt Mombasa inklusive Besuch des Akamba-Holzschnitzerdorfes sollte das Ganze vervollständigen. Unser Beach Hotel lag am schönen Shanzu-Strand und wir hatten auch jede Menge ostdeutscher Touristen mit an Bord. Die Mauer war gefallen und die Leute wollten die Welt sehen. Ich erhielt die Teilnehmerliste von Frau Gebhardt und gut gemeinte Ratschläge. Ich studierte die Liste und sah, dass wir ausschließlich Paare dabeihatten, lediglich zwei Einzelzimmer für mich und eine weitere Person. Nun, um die würde ich mich besonders kümmern müssen. Bereits im Flugzeug, ich hatte die Gruppe am Flughafen in Empfang genommen und meine Visitenkarten verteilt, suchte ich Frau Wendler.

„Darf ich mich zu Ihnen setzen?“, fragte ich sie.

„Ach bitte, sagen Sie doch Claudia zu mir“, antwortete sie errötend.

„Wie kommt es, dass Sie alleine unterwegs sind?“, fragte ich Claudia.

„Wissen Sie, Afrika ist mein Traum“, antwortete sie. „Ich habe eine Patenschaft im Elefantenwaisenhaus in Nairobi übernommen und wollte schon immer mal dorthin. Ich habe sämtliche Bücher gelesen über dieses faszinierende Land und fleißig auf die Reise gespart.“

Während des achtstündigen Fluges nach Kenia erzählte mir Claudia von ihrem psychisch kranken Mann, der zu Hause bleiben musste, und ihren Kindern, einer Tochter und einem Sohn, bereits beide um die zwanzig. Sie selbst war dreiundfünfzig Jahre alt und wohnte im Saarland. Zeit genug, sie mir genauer anzusehen. Sie war trotz ihres Alters noch recht jung geblieben. Ihre Beine steckten in lockeren Jeans und ihr Pferdeschwanz wippte beim Erzählen hin und her. Ich gab mein Bestes, sie ebenfalls zu unterhalten, und die Zeit verflog im Nu.

Während unserer faszinierenden Reise, die nun begann, durfte ich nun endlich auch die Masai Mara kennenlernen. Ich sah es als meine Pflicht an, Claudia stets an meiner Seite zu haben, schließlich musste ich mich gut um meine Gruppe kümmern. Die Masai Mara ist das wohl bekannteste Naturschutzgebiet Kenias und ein eintausendfünfhundert Quadratkilometer großes Reservat voller Tiere. Die Massai lebten dort und das faszinierte mich besonders. Die ostafrikanische Volksgruppe war ein typisch afrikanisches beliebtes Fotomotiv für Touristen und ich wollte sie meiner Reisegruppe unbedingt zeigen. Zudem erlebten wir auf unserer Safari die „Große Tierwanderung“. Rund zwei Millionen Gnus, begleitet von mehreren Hunderttausenden Zebras, wandern in riesigen Herden durch das Masai-Mara-Ökosystem, begleitet von beutehungrigen Raubkatzen. Was für ein Erlebnis! Wir checkten im Mara Buffalo Camp ein und ich staunte nicht schlecht, als es nach einem erlebnisreichen Safaritag abends an meiner Tür klopfte. Es war Claudia.

„Kann ich auf einen Drink zu dir kommen?“, fragte sie, die Whiskeyflasche in der Hand.

„Natürlich“, antwortete ich. Wir saßen auf meinem Bett und redeten. Sie erzählte, wie einsam ihr Leben sei, seit ihr Mann erkrankt war. Ich redete ihr gut zu, denn irgendwie tat sie mir leid. Trotzdem, sie war eine bemerkenswerte Frau, denn ihre Stärke hatte sie nicht verloren. Der Whiskey tat sein Übriges. Sie kam mir gefährlich nahe. Ich küsste sie. Da legte sie sich auf mein Bett und ich zog sie gierig aus. Meine Hände wanderten über ihren wohlgeformten Körper, streichelten ihre nackten Brüste und schließlich übermannte mich die sexuelle Gier. Wir schliefen miteinander und hatten leidenschaftlichen Sex. Danach lagen wir uns in den Armen.

„Ich bin verliebt in dich", gestand mir Claudia.

Ich erschrak. So sollte das Ganze nicht laufen. Nun denn, die Reise war in fünf Tagen zu Ende und wir würden uns wohl nie wiedersehen. So war es schlussendlich auch, aber nachdem ich wieder in Frankfurt war, bekam ich Briefe von ihr in mein Office geschickt. Warum hatte ich auch meine Visitenkarten verteilt, dachte ich bei mir. Sie schrieb mir, wie sehr sie mich vermisste und wie groß ihre Sehnsucht nach Afrika sei. Sie beschrieb im Detail die Momente des Erlebten und wie sehr sie sich eine Rückkehr nach Kenia wünschte.

Sie würde wieder sparen und dann den Traum noch einmal erleben. Unterschrieben hatte sie die Zeilen mit „Deine Geliebte", was mir die Schamröte ins Gesicht trieb. Was nur spinnt sie sich da zusammen? dachte ich bei mir. Ich reagierte nicht auf ihre Liebesbekundungen und versuchte, sie zu vergessen.

Nur zwei Wochen später erhielt ich einen Anruf aus dem Saarland. Eine junge Stimme am Telefon.

„Sind Sie Herr Schönburg und waren mit meiner Mama in Kenia?“, fragte mich eine junge Frau.

Ich bejahte aufhorchend.

„Mein Papa hat meine Mutter umgebracht!“, stieß sie atemlos hervor und fing hemmungslos an zu weinen. Das musste ein schlechter Scherz sein. Ich glaubte ihr kein Wort. Ich versuchte, sie zu beruhigen, aber sie schluchzte und schluchzte und legte irgendwann einfach auf. Als kurze Zeit später die Polizei bei mir anrief, wurde mir aber doch anders. Inspektor Schmidt, zuständig für diesen Fall, erklärte mir, dass Claudias Ehemann an mich adressierte Briefe gefunden hätte – ihre Liebesbriefe. Er war komplett durchgedreht und zu Claudias Arbeitsstelle gefahren. Dort schleppte er sie in den Pausenraum und stach wie von Sinnen auf die arme Frau ein. Unter mehr als zwanzig Messerstichen verblutete sie schließlich. Er hatte sie regelrecht hingerichtet.

„Hatten Sie ein Verhältnis mit Claudia Wendler?“, fragte mich Inspektor Schmidt.

„Aber nein“, antwortete ich bestürzt. „Ich war nur die Reisebegleitung und hatte mich besonders um Frau Wendler gekümmert, da sie Alleinreisende war.“

Inspektor Schmidt glaubte mir kein Wort. „Halten Sie sich bereit für weitere Befragungen“, sagte er und legte auf.

Ich war fassungslos. Wie im Film zog der Sex mit Claudia an meinem geistigen Auge vorbei. An diesem Abend betrank ich mich. In Erinnerung an Claudia leerte ich ein Glas ums andere. Diese Frau hatte nur einen Traum gehabt und der hieß Afrika. Sie war eine so liebenswerte Person gewesen, hatte sich in das Land und in mich verliebt. Es war nicht ihre Schuld. War es meine?

Am Morgen des nächsten Tages beruhigte ich mich selbst und sagte mir, dass ich schlussendlich nichts dafür könne. Und wenn auch alles sehr tragisch war, die Schuld lag bei ihrem Ehemann. Schließlich hatte er seine Frau umgebracht. Claudias Liebesbriefe verbrannte ich und ging zur gewohnten Tagesordnung über.

Zwei Wochen nach diesem schrecklichen Vorfall, den ich Marie natürlich nie erzählte, klagte meine Freundin wieder einmal über heftige Bauchschmerzen. Schließlich willigte sie ein, mit mir einen Arzt aufzusuchen. Nach einschlägigen Untersuchungen stellte man eine Entzündung der Bauchspeicheldrüse fest. Ihr wurde eindringlich verboten, Alkohol zu trinken.

„Marie, ich bitte dich“, sagte ich nach dem Besuch beim Doktor. „Hör auf zu trinken.“

„Das sagt der Richtige“, antwortete sie mir. Ich hoffte, sie würde auf mich hören, und stürzte mich wieder in meine Arbeit. Ein Anruf Wolfgangs an einem Donnerstagabend ließ mich jedoch erneut aufhorchen. Mein Sohn Thomas hatte die Lehre schon länger abgebrochen. Er trank, rauchte und trieb sich rum. Ich rief Annette an. Lange hatten wir nicht mehr miteinander gesprochen. Sie gab sich verhalten.

„Ach, Jürgen, du bist es“, war die kühle Begrüßung.

„Wie geht es dir, Annette?“, fragte ich sie.

„Wie soll es mir schon gehen? Ich habe Probleme mit unserem Sohn“, sagte sie und seufzte.

„Was ist los? Wie kann ich helfen?“, fragte ich und fühlte mein schlechtes Gewissen.

„Zunächst einmal könntest du dich bei ihm melden.“ Annette wurde lauter. Ja ich wusste, ich hatte mich nicht mit Ruhm bekleckert.

„Das werde ich tun, gib mir bitte seine Nummer.“ Sie gab sie mir. Ich hätte mich bei Annette entschuldigen sollen, hätte länger mit ihr reden müssen, aber mir blieb jedes Wort im Halse stecken, das schlechte Gewissen erdrückte mich.

So rief ich Thomas an. Ich hatte mir ein Glas Whiskey eingeschenkt, ohne das ich den Mut dazu nicht aufgebracht hätte.

„Ja, bitte?“, hörte ich eine männliche Stimme am Telefon. Ich schluckte.

„Hier ist dein Vater“, antwortete ich und stieß heftig den Atem aus.

„Ach, schau mal da, mein Vater“, antwortete Thomas ironisch. „Was willst du?“

Mir war klar, ich musste mich bei ihm entschuldigen, musste erklären, wie mein Leben verlaufen war. Mir fehlten allerdings die Worte.

„Thomas, können wir uns treffen?“, fragte ich daher. „Ich möchte mit dir reden und dich wiedersehen.“

Stille am anderen Ende des Telefons.

„Ich muss darüber nachdenken, gib mir Zeit“, antwortete er und legte auf. Nun war ich genauso schlau wie vorher. Ich hoffte, er würde sich melden. Vor meinem geistigen Auge flog seine Kindheit vorbei, er war ein Wunschkind gewesen. Ich war damals so stolz auf ihn gewesen. Er hätte seinen Vater gebraucht, eine Respektsperson und natürlich eine gewisse Führung im Leben. Beides hatte ich ihm verwehrt. Annette war sicherlich überfordert, sie gab ihr Bestes, jedoch fruchtete es nicht bei Thomas. Ich schwor mir, sollte er sich melden, würde ich alles anders machen. Ich wünschte mir sehnlich, dass er den Weg zu mir finden würde und wir wieder Vater und Sohn sein könnten, so wie früher, als er ein Kleinkind war. Dass ich nichts über ihn wusste, was er fühlte und dachte und wie seine Einstellung zum Leben war, verdrängte ich, ebenso wie meinen Gesundheitszustand. Den hatte ich ignoriert. Seit Jahren. Ich hatte immer wieder Schmerzen in der Brust. Ich war kurzatmig und in schlechter Verfassung. Sport trieb ich nicht, dazu hatte ich weder Zeit noch Lust. Mein Allgemeinzustand ließ zu wünschen übrig. Ich war oft erschöpft. Zudem gab es seitens meiner Mutter Herzkrankheiten in der Familie, die sie mir vielleicht vererbt hatte. Schließlich ging ich zum Arzt. Es wurden einschlägige Untersuchungen gemacht. Ich musste verschiedene Doktoren aufsuchen, mein Hausarzt gab mir diverse Überweisungen zu diesen oder jenen Spezialisten. Schließlich stand fest: Ich hatte eine chronische Herzinsuffizienz!

Mein Hausarzt warnte mich: „Ihre Herzschwäche bedeutet, dass die Pumpleistung des Herzens nachgelassen hat. Deshalb gelingt es dem Herzen nicht, den Organismus mit ausreichend Sauerstoff zu versorgen."

Ich erhielt eine lange Liste an Dingen, die ich zukünftig im Alltag beachten sollte, und erste Medikamente. Zudem sollte ich zu engmaschigen Kontrollen wiederkommen. Ich stand auf.

„Herr Schönburg", hielt mein Arzt mich zurück. „Wir haben zudem ein leichtes Lungenödem festgestellt. Hierbei kommt es durch Rückstau des Blutes in die Lunge zum Flüssigkeitsübertritt ins Lungengewebe", fuhr er fort. Na, das wurde ja immer schöner. Ich schluckte. „Wir werden das beobachten,

Herr Schönburg. Sollte sich Ihr Zustand verschlimmern, bedarf es einer intensiven medizinischen Therapie.“

Das waren ja sensationelle Neuigkeiten, ich war beunruhigt. Ich hatte jahrelang Raubbau an meinem Körper betrieben, vorwiegend fettreich gegessen und nicht auf mich geachtet. Nun rächte sich das. Ich würde zukünftig auf mich achten müssen. Ich bedankte mich bei meinem Hausarzt und verließ seine Praxis.

Ich gab mein Bestes, um mich die folgenden Wochen vernünftig zu ernähren, nahm – wie vorgeschrieben – meine Tabletten und arbeitete natürlich weiter. Ich liebte meinen Job. Ich reiste wieder viel durch Deutschland und besuchte unsere Filialen. Frau Gebhardt war zufrieden mit mir, wir hatten ein mittlerweile freundschaftliches Verhältnis aufgebaut. Doch mein angeschlagenes Herz machte mir einen Strich durch die Rechnung. Im Job hatten wir ein großes Event geplant. Eine „African Night“ sollte Kunden aus Frankfurt und Umgebung zu uns locken, die bestenfalls dann anschließend Reisen nach Kenia buchen sollten. Wir mieteten einen großen Saal in einem Fünfsternehotel der Stadt, ließen Cateringfirmen für uns arbeiten und planten den Abend mit circa hundertfünfzig Gästen. Eine Band sollte ausschließlich afrikanische Musik spielen, ein Drei-Gänge-Menü den Abend kulinarisch verfeinern und Vorträge über Kenia mit Projektor und

Leinwand das Event vervollständigen. Unsere hauseigenen Reisekataloge sollten ausgelegt werden und unsere Mitarbeiter bestenfalls Buchungen für die neue Saison direkt vor Ort entgegennehmen.

Meine Aufgabe bestand darin, zunächst einmal die Werbetrommel zu rühren und die Eintrittskarten an den Mann zu bringen. Wir nahmen den Vorbestellern einen kleinen Geldbetrag ab, alle Kosten des Abends trug die Firma. Der Hauptpart des Abends war mein einstündiger Vortrag über die Tierwelt Kenias. Ich bereitete mich akribisch darauf vor, prüfte Tier- und Savannenbilder auf ihre Qualität, stellte alles zusammen und schrieb meine Ansprache. Ich stellte eine Dia-Projektor-Show zusammen, mit der ich schlussendlich mehr als zufrieden war. Frau Gebhardt setzte größtes Vertrauen in mich und so probte ich zu Hause vor dem Spiegel meine Texte. Der Abend kam und ich staunte über die tolle afrikanische Dekoration auf den Tischen. Das Hotel hatte ganze Arbeit geleistet. Unsere Mitarbeiter waren bereits vor Ort und erledigten letzte Handgriffe. Es schien alles perfekt und so konnte es losgehen. Die Gäste kamen, jeder erhielt ein afrikanisches Souvenir als Give-away in Form eines kleinen geschnitzten Elefanten. Die Kunden freuten sich auf den Abend und nahmen an den zahlreichen Tischen Platz. Die Begrüßung übernahm Frau Gebhardt, die Technik funktionierte einwandfrei. Die Band brachte Stimmung und der erste Gang des Dinners wurde gereicht. Es schmeckte vorzüglich.

Plötzlich wurde mir übel und ich bekam schwer Luft. Kurz geriet ich in Panik. Mein Vortrag stand an. Eine Hitzewelle nach der anderen überrollte mich. Was war nur los mit mir? Viel zu schnell kam der Moment, wo ich vor Publikum sprechen sollte. Ich schwankte nach vorne zum Rednerpult.

„Meine sehr geehrten Damen und Herren", begann ich. Mein Herz raste, ich sah Punkte vor den Augen und hielt mich krampfhaft am Pult fest. Bitte nicht jetzt, schoss es mir durch den Kopf. Reiß dich zusammen. Ich wusste nicht, was mit mir los war, und der Schweiß rann mir die Gesichtshaut herunter. Ich begann meinen Vortrag, zitternd und mit schwachen Beinen. Es war wohl ein erbärmlicher Anblick und ich schämte mich zutiefst. Frau Gebhardt bemerkte natürlich meine Unzulänglichkeit und sprang nach zehn Minuten für mich ein. Sie improvisierte und beendete den Vortrag nach knapp dreißig Minuten. Ich schwankte zur Toilette und ließ kaltes Wasser über mein Gesicht laufen. Morgen gehst du zum Arzt, dachte ich noch, als es schwarz um mich wurde.

Ich wachte im Krankenhaus wieder auf. Ein Arzt beugte sich gerade über mich.

„Wo bin ich?", fragte ich ihn.

Er berichtete mir, was geschehen war und das ich einen leichten Herzanfall gehabt habe. „Mit Ihrer Herzschwäche ist nicht zu spaßen, Herr Schönburg“, sagte er ernst. „Wir machen heute noch ein EKG und prüfen Sie auf Herz und Nieren.“

Ich ließ alles mit mir geschehen und fühlte mich auch wieder besser. Das Ergebnis tags darauf war schockierend.

Ich hatte Wasser in den Lungen und ein jahrelang zu hoher Blutdruck hatte meinen Herzanfall begünstigt. Ich hatte in letzter Zeit extrem an Gewicht zugelegt, ganze fünfzehn Kilogramm. Aber ich machte dafür meine fettreiche Ernährung verantwortlich, fehlenden Sport und meinen Alkoholkonsum.

Nach einer Woche und mehreren Untersuchungen wurde ich aus dem Krankenhaus entlassen. Nun hatte ich Betablocker, ein Diabetesmedikament, einen Gerinnungshemmer und ein Mittel zur Entwässerung zu nehmen. Dazu kamen noch Blutplättchen-Hemmer und ein magenschonendes Mittel zur Vorbeugung. Meine Ärzte erklärten mir, dass ich nun – durch die Medikamente – einen niedrigen Blutdruck haben würde, der das Herz schützt, da es nicht mehr so stark arbeiten müsste. Es wird mehr Flüssigkeit über die Nieren ausgeschieden und der Herzmuskel wird dadurch wieder gestärkt.

„Sie müssen die Medikamente jeden Tag ordnungsgemäß, nach Dosieranleitung der Verpackungsbeilage, einnehmen.“ Mein Arzt hob den Finger zum Abschied. „Kommen Sie zu engmaschigen Kontrollen zum Kardiologen Ihres Vertrauens. Wir werden den Entlassungsbrief mit allen wichtigen Informationen dorthin senden.“

Der Schrecken saß mir noch in den Gliedern. Frau Gebhardt war sehr nett zu mir und sandte mir sogar einen Genesungsblumenstrauß nach Hause, wo ich noch drei Wochen zur Erholung blieb.

„Ich habe es vermasselt“, sagte ich zu ihr am Telefon, als ich mich für die Blumen bedankte. „Ich habe den Abend ruiniert und einen furchtbar schlechten Vortrag gehalten. Ich möchte nicht wissen, was die Leute von mir gedacht haben“, schloss ich meine Selbstvorwürfe.

„Jürgen, nun machen Sie sich nicht selbst so schlecht“, antwortete mir Frau Gebhardt. „Wir haben es ja irgendwie hinbekommen und der Abend wurde zum Erfolg.“

„Haben wir denn wenigstens ein paar Abschlüsse machen können?“, fragte ich meine Chefin.

„Ja, ganze einundzwanzig Buchungen sind an den Abend zustande gekommen. Ich bin sehr zufrieden. Nur die Band hat Probleme gemacht. Nach Anweisung sollten sie ausschließlich afrikanische Musik spielen und fingen ab zweiundzwanzig Uhr an, auch deutsche Schlager zum Besten zu geben. Das hat unsere Kunden leicht verstimmt."

„Das glaube ich gerne", antwortete ich und war über den Bericht meiner Chefin dann doch sehr erleichtert.

„Nun werden Sie erst einmal wieder gesund und gute Besserung", sagte Frau Gebhardt zum Abschied.

Ich erholte mich tatsächlich relativ schnell und konnte nach drei Wochen meine Arbeit wieder aufnehmen. Die Medikamente nahm ich nach Verordnung und es ging mir besser.

4) Vom Regen in die Traufe

Mein Sohn hatte sich bis jetzt noch nicht gemeldet. Aber ich würde mit Frau Gebhardt sprechen, nahm ich mir vor. In mir reifte eine Idee. Könnte ich nicht Thomas bei uns in der Firma als Freelancer unterbringen? Sicher, er war ein Freigeist und mochte keine stupiden Arbeitszeiten von Montag bis Freitag, aber als Freelancer hätte er die nötige Freiheit und ich könnte ihn dabei unterstützen und so ein wenig Wiedergutmachung leisten. Schon drei Tage später entstand eine günstige Situation und mir wurde von Frau Gebhardt das Du angeboten. Bei einer Tasse Kaffee saßen wir in meinem Office.

„Sag mal, Ruth, hätten wir eventuell Verwendung für meinen Sohn? Er ist zwanzig Jahre alt und ich dachte an einen Freelancerjob, vielleicht erst einmal in Teilzeit, für einige Stunden im Monat oder so.“

Ruth sah mich freundlich an.

„Ja, da wäre tatsächlich etwas machbar“, antwortete sie. „Wir haben ja unsere separate Abfertigung am Frankfurter Flughafen, für unsere Gäste nach Kenia. Da bräuchten wir Unterstützung. Jemanden, der das Bodenpersonal am Check-in Schalter in die Einreisebestimmungen und Formalitäten einweisen und das Übergepäckgeld kassieren kann. Jemanden aus unserer Firma, der einfach den Hut aufhat und den Abflug überwacht“, erklärte sie mir.

Das war genau das Richtige für meinen Sohn. Ich nahm mir vor, Thomas anzurufen. Ich konnte einfach nicht warten, bis er es von selbst tat. Bereits am nächsten Tag nahm ich den Hörer in die Hand. Ich erreichte meinen Sohn sofort. Ein gutes Zeichen. Ich wiederholte meine Bitte, ihn wiedersehen zu dürfen, und offerierte ihm im selben Atemzug das Jobangebot. Zunächst herrschte Stille am Telefon.

„Ich muss darüber nachdenken", sagte er schließlich.

„Aber, Thomas", erwiderte ich, „du kannst gutes Geld verdienen."

Ich war sicherlich zu schnell mit der Tür ins Haus gefallen. Er führte ein geruhsames Leben, ohne Hektik. Natürlich musste er zuerst nachdenken. Ich versprach Thomas, für ihn da zu sein, wenn er über sein Leben nachdenken würde, den Job in Erwägung zog. Ich hoffte sehr auf ein baldiges Treffen.

Ich liebte meinen Sohn. Es war bald Weihnachten, das Fest der Liebe. Wie schön wäre es, ihn bei Marie und mir zu wissen. Wir würden ein schönes Wiedersehen feiern und er könnte auch zunächst bei uns auf der Couch schlafen. So träumte ich vor mich hin. Marie hatte ich noch gar nicht eingeweiht. Ich wollte es ihr am gleichen Abend sagen, ging aber ohnehin von ihrem Einverständnis aus. Sie war meist mit allem einverstanden, was ich beschloss. Im neuen Jahr könnte Thomas dann anfangen zu arbeiten. Ach, es wäre zu schön. Ich vermisste ihn auf einmal schmerzlich. Am Abend setzte ich mich zu Marie auf die Couch und schenkte mir einen Scotch ein. Marie hatte bereits einen Piccolo-Sekt vor sich stehen.

„Ich muss mit dir sprechen“, begann ich.

Sie war nicht sehr aufnahmefähig, bemerkte ich. Ich wollte anfangen, zu erzählen, von Thomas und der Chance, die er in meiner Firma bekam. Teilnahmslos saß Marie neben mir.

„Was ist mit dir?“, fragte ich sie bestürzt.

„Ach, mir geht es nicht so gut, mir ist übel“, sagte sie.

„Hast du wieder Bauchschmerzen?“ Erschrocken sah ich sie an.

„Das auch und mir ist schlecht.“ Sie lallte leicht.

„Sicher der Alkohol“, sagte ich und stand auf, um ihr Glas wegzukippen. Im Ausguss sah ich dem Sekt nach, wie er davonschwamm.

„Hör auf zu trinken, ich bitte dich“, stieß ich atemlos hervor. „Nimmst du regelmäßig deine Medizin und warst du beim Arzt?“ Ich gestikulierte mit beiden Händen. Sie antwortete nicht. Besorgt umfasste ich ihre Hüften und schob sie in Richtung Bett. „Schlaf dich aus, morgen reden wir. Ich habe etwas Wichtiges mit dir zu besprechen“, gab ich den Ton an. Sie gehorchte.

Später saß ich alleine im Wohnzimmer und dachte nach. Was fehlte Marie denn nur? Sicher, wir sahen uns nicht oft. Ich liebte meine Freiheiten, wollte sie aber auch nicht verlieren. Kinder waren kein Thema mehr. Ich hatte ihr schon zu Beginn unserer Beziehung unmissverständlich klar gemacht, dass ich keine mehr wollte. Marie akzeptierte das, wie so vieles. Anders wäre ein Zusammenleben mit mir auch nicht möglich gewesen. Aber warum trank sie, trotz der körperlichen Beschwerden?

Brauchte Marie mehr Liebe, Zuneigung oder Wärme? Sie gab mir mehr, als ich ihr zu geben im Stande war. Ich wollte ihr helfen und machte mir ernsthaft Sorgen um sie. Vielleicht sollten wir uns einen Hund anschaffen, schoss es mir durch den Kopf. Beide waren wir sehr tierlieb und es wäre eine Möglichkeit, Marie eine Aufgabe zu geben. Ich beschloss, morgen ein Tierheim zu kontaktieren. Wenn schon, dann ein Hund, der ein liebevolles Zuhause brauchte.

Am nächsten Tag rief ich ein Tierheim an, welches ich von der telefonischen Auskunft empfohlen bekommen hatte. „Vergessen Sie nicht Ihren Personalausweis und melden sich bitte dann bei unserem Empfang oder direkt in den Hundehäusern bei den zuständigen Pflegern“, wurde mir mitgeteilt, als ich dort anrief. Ich machte einen Termin aus und sagte Marie nichts davon. Ich wollte sie überraschen. Von nun an räumte ich mir täglich zwei Stunden Freizeit ein, um mit meiner ausgewählten Hündin Lucy Gassi zu gehen. Ich hatte es vorher mit Ruth Gebhardt abgesprochen und sie fand, es wäre eine wunderbare Überraschung für Marie. Lucy war eine Jack-Russell-Terrier-Hündin und äußerst anhänglich. Mir taten die Spaziergänge gut und eines Tages war es dann so weit. Ich konnte Lucy mit nach Hause nehmen.

Marie war begeistert und die Überraschung sehr gelungen. Ich freute mich. Im Laufe der Zeit besserte sich Maries psychischer Zustand merklich. Sie gab Lucy all ihre Liebe und die Hündin dankte es ihr.

Vier Wochen später erhielt ich einen Anruf von Annette bei mir im Office. Unser Sohn wäre seit Tagen nicht bei ihr gewesen, erklärte sie mir.

„Es ist nicht ungewöhnlich, dass er sich ein paar Tage nicht sehen lässt, aber angerufen hat er sonst immer“, weinte sie ins Telefon. Wo konnte er nur sein?

„Hast du schon die Polizei benachrichtigt?“, fragte ich sie erschrocken.

„Nein, das mache ich gleich anschließend“, antwortete Annette schluchzend und mir wurde übel. Was machte der Junge nur? „Bitte komm zu mir“, bat mich Annette überraschend. „Ich bin so aufgelöst und durcheinander. Ich möchte jetzt nur seinen Vater um mich haben. Vielleicht können wir ihn auch suchen fahren?“, schloss sie weinend.

Ich versprach es ihr und legte auf. Gleich darauf versuchte ich selbst, Thomas ans Telefon zu bekommen, ich wollte meiner Ex-Frau nicht so recht Glauben schenken.

Tatsächlich, er ging nicht ran. Ich ließ es minutenlang klingeln. Erschöpft legte ich auf, um danach gleich wieder den Hörer aufzunehmen. Ich musste Ruth Gebhardt Bescheid geben. Noch heute wollte ich in den Spessart fahren. Ich hatte Annette lange nicht gesehen und auf der Autofahrt quälte mich mein schlechtes Gewissen. Alle meine Unzulänglichkeiten sah ich bedrückend klar vor meinem geistigen Auge. Hoffentlich war Thomas nichts passiert. Ich würde ihn suchen, finden und in den Arm nehmen, um Verzeihung bitten und ihm ein guter Vater sein. Ich wollte all die verlorenen Jahre aufholen. Ihn nach Frankfurt einladen, ihn bei uns in der Firma unterbringen. Meine Gedanken kreisten und ich drückte aufs Gaspedal.

Ich traf eine völlig aufgelöste Annette an. Es war für mich befremdend, in unser altes Heim zurückzukehren. Wie lange war ich nicht mehr hier gewesen?

„Hast du schon die Polizei benachrichtigt?“, fragte ich sie und nahm die Schluchzende in den Arm. Ein vertrautes Gefühl der Nähe zu ihr stieg in mir hoch.

„Sie haben die Suchanzeige aufgenommen, aber unternehmen die nächsten vierundzwanzig Stunden nichts." Annette wischte sich die Tränen weg. „Er wäre erwachsen, sagten sie mir."

„Du kennst ihn am besten." Ich sah meine Ex-Frau an. „Welche Freunde hat er, wo treibt er sich besonders gerne herum?" Annette antwortete nicht, denn ein Auto fuhr die Auffahrt hoch. Es war ein Streifenwagen. Mir blieb das Herz stehen. Annette wurde blass, als die Beamten ausstiegen. Die zwei Männer kamen die Stufen zur Haustür hoch.

„Guten Tag, sind Sie Annette und Jürgen Schönburg?"

Ich nickte, unfähig etwas zu sagen. Beide wollten wir nicht, dass die Beamten weitersprachen, denn wir wussten intuitiv, dass etwas Schreckliches geschehen sein musste. Aber das Leben ist kein Traum und schon gar kein Wunschkonzert. Thomas war tot!

Sie versuchten, es uns schonend beizubringen. Man hatte ihn am Ufer des Flusses Kinzig gefunden – er hatte sich das Leben genommen. Der Größere von beiden Polizisten nestelte nun an seiner Uniform herum und gab uns ein Stück Papier – es war Thomas' Abschiedsbrief. In mir drehte sich alles, aber ich musste Annette stützen. Sie brach in meinen Armen zusammen. Meine Kehle war wie zugeschnürt. Ich konnte nicht fassen, was geschehen war, und bedauerte zutiefst, Thomas nicht noch einmal gesehen zu haben. Noch schmerzlicher wurde es, als Annette und ich den Zettel entfalteten, den man bei seiner Leiche gefunden hatte. Er hatte seiner Mutter geschrieben – kein Wort über mich stand darin. In einem Augenblick hatte ich Wut auf ihn, im nächsten Verzweiflung und Trauer. Wie konnte er uns nur verlassen? Er sah keine Lebensperspektive mehr, schrieb er in wenigen Zeilen. Ich nahm Annette schweigend in meine Arme. Trauer ist individuell und äußert sich bei jedem Menschen anders. Ich war zutiefst geschockt über seine Tat und konnte das Geschehene nicht akzeptieren. Ungern ließ ich Annette alleine, sie warf sich immer wieder weinend in meine Arme. Aber ich wollte zurück nach Frankfurt, zurück zu Marie. Die Beamten waren längst fort, morgen sollte Annette auf dem Revier erscheinen, wenn sie sich etwas gefangen hatte. Ich ließ sie in ihrem Schmerz erst einmal allein. Im Auto kam die Verzweiflung in Wellen, nicht kontrollierbar. Mein schlechtes Gewissen, über Jahre nicht an seiner Seite gewesen zu sein, zermürbte mich. Ich war von mir selber enttäuscht. Ich durchlebte Erinnerungen an Thomas als Kleinkind, eine Palette an Gefühlen, Schmerz und Sehnsucht. Starke Emotionen! Ich erinnerte mich an gemeinsame Gespräche, seine Einschulung und viele schöne Momente. In Gedanken führte ich Gespräche: Wie konntest du uns nur so etwas antun, Thomas? Alles schrie in mir. Dann kam eine Welle der Wut. Hatte sich nicht seine Mutter ihr Leben lang aufgeopfert? Hatte ich ihm nicht Wege aufgezeigt? Eine gute Arbeit und leicht verdientes Geld angeboten? Es war zu spät. Ich hatte meinen Sohn nicht gut genug gekannt. Nicht gewusst, wie sehr er litt und was ihn bewegte. Seine Mutter war am Boden zerstört. Thomas war ihr einziges Kind, sie hatte nie wieder geheiratet. Ich muss es Marie sagen, dachte ich bei mir, und mich von der Arbeit freistellen lassen. Ich wollte die nächste Zeit nicht von Annettes Seite weichen, wenigstens ein bisschen Wiedergutmachung leisten.

Vielleicht konnte ich für einige Tage wieder zurück in unser ehemaliges gemeinsames Haus ziehen. Annette zuliebe. Ruth Gebhardt und Marie entließen mich mit vollem Verständnis für meine derzeitige Situation und so machte ich mich zwei Tage später wieder auf in den Spessart. Annette schien um Jahre gealtert, als sie mich empfing.

Ich bezog das Gästezimmer und versuchte, meiner Ex-Frau eine wertvolle Stütze zu sein. Ich kochte uns ein leckeres Abendessen und obwohl wir beide wenig Hunger hatten, saßen wir später am Tisch des Esszimmers.

„Erzähl mir von Thomas“, bat ich sie. „Ich weiß so wenig über ihn.“

Annette stand auf und holte zwei Fotoalben. Alle verpassten Momente mit meinem Sohn vor Augen, blätterte ich Seite um Seite um.

„Er war sehr labil, weißt du.“ Annette fing an zu weinen. „Dabei flogen ihm die Frauenherzen zu. Er hatte einige Freundinnen.“ Ich schaute auf ein Bild, welches ihn mit einem jungen blonden Mädchen zeigte. „Das ist Babette.“ Sie zeigte auf das Foto. „Zwei Jahre waren sie zusammen. Babette meinte immer zu mir, Thomas wäre ihre große Liebe“, fing Annette wieder an zu weinen. „Aber sie sagte mir auch, dass es schwer ist, zu ihm durchzudringen. Er habe oft schwermütige Gedanken.“

Ich reichte Annette ein Taschentuch. Ich war meiner Ex-Frau sehr dankbar, dass sie mir in dieser so schweren Situation keine Vorwürfe machte, mich nicht anklagte, weil ich an Thomas‘ Leben nicht teilgenommen hatte.

„Hast du nichts an ihm bemerkt?“, fragte ich Annette. „Ich meine, dass er unglücklich war, keine Perspektiven mehr sah?“

Sie schüttelte den Kopf. „Wenn er mich besuchte, dann war er immer sehr freundlich und aufmerksam.“

Ich wurde nicht schlau aus Annettes Erzählungen. Thomas musste ein guter Schauspieler gewesen sein. Sicher hatte er starke Depressionen, anders konnte ich mir seinen Freitod nicht erklären. Es hätte Mittel und Wege gegeben, diese zu lindern. Warum war ich nur nicht da gewesen? Nun war es zu spät. Mein Sohn war tot, einfach tot. Ich konnte es nach wie vor nicht realisieren. An diesem Abend erzählte mir Annette alles, was sie über Thomas wusste, brachte mir so meinen Sohn näher und es war fast wie früher. Meine Ex-Frau hatte ein sehr enges Verhältnis zu unserem Sohn gehabt, ihn sehr geliebt, vergöttert, umhegt und versorgt. Als er kleiner war und dann jugendlich, hatte sie sicher in ihrer großen Liebe zu ihm auch Fehler gemacht. Er lernte nie, sich im Leben zu behaupten. Sein Ehrgeiz wurde nicht geweckt und immer wieder stieß er im Alltag auf Probleme und Konfrontationen mit seinen Mitmenschen. Annette ebnete ihm den Weg, so gut es ging. Noch lange wohnte er bei ihr zu Hause. Seine erste Wohnung – finanziert durch meine Ex-Frau – wurde ihm fertig übergeben. Annette hatte sich um alle Möbel und den Hausrat gekümmert. Er musste nie etwas leisten oder tun.

„Es tut mir so leid“, sagte ich zu Annette, als wir an diesem Abend das Licht löschten. „Ich hätte da sein müssen.“ Traurig gingen wir schlafen.

Die nächsten Tage wurden geschäftig. Trotz unserer großen Trauer oder gerade deswegen waren Annette und ich uns wieder nähergekommen. Wir veröffentlichten eine Traueranzeige in der Tageszeitung und suchten ein Bestattungsunternehmen im Spessart.

Ich blieb in dieser schweren Zeit an ihrer Seite. Wir gestalteten für Familie und Freunde ein Fotoalbum von Thomas mit eindrucksvollen Bildern seiner verschiedenen Lebensphasen. Unser gesamtes

Umfeld war geschockt und zutiefst bewegt. Viel zu schnell kam der Tag der Beisetzung. Der Himmel weinte mit uns – es nieselte leicht. Dreißig Personen waren anwesend. Unseren Wünschen nach einer würdevollen Beerdigung war nachgekommen worden. Geschmackvolle Blumenarrangements zierten die Kirche, die wir nun betraten. In diesem schweren Moment fand man einfühlsame Worte für unseren Sohn, die Trauerrede war ergreifend und für uns äußerst schwer zu ertragen. Sie spiegelte den kurzen Lebenslauf unseres so jung verstorbenen Sohnes wider. Durch die große Anteilnahme aller anwesenden Gäste fanden wir Trost, Zuspruch und Verständnis. Wolfgang, mein bester Freund, wich nicht von meiner Seite. Ich wusste, ich hatte lange verdrängt, dass Thomas mich brauchte. Allein Wolfgang war es, der nie müde wurde, mich über die verschiedenen Lebensphasen meines Sohnes zu informieren. Dankbar drückte ich seine Hand.

„Mein herzliches Beileid“, hörte ich ihn sagen. „Ich weiß nicht, wie ihr das aushalten könnt. Auch ich habe Thomas geliebt.“

„Ich weiß, Wolfgang“, antwortete ich. „Ich danke dir.“ Gemeinsam mit allen Gästen traten wir später hinaus auf den Friedhof vor der Kirche. Diesen hatten wir mit Bedacht gewählt. Eine gepflegte, parkähnliche Anlage, im christlichen Glauben geführt. Man fand hier nicht nur Reihengräber, sondern auch durch kunstvolle Steinmetz- und Bildhauerhandwerke gestaltete Schreine und Kapellen sowie eine Trauerhalle für die Angehörigen der Toten.

Der Regen hatte aufgehört und die Sonne kam hervor. Am Grab von Thomas übermannten mich die Gefühle mit einer solchen Wucht, dass mir die Tränen liefen. Als der Sarg hinabgelassen wurde, ließen wir weiße Tauben aufsteigen. Symbolisch für die Seele unseres Sohnes. Jeder Anwesende erhielt zudem noch einen Luftballon, mit dem Wünsche gen Himmel geschickt wurden. Wünsche für Thomas. Ruhe in Frieden! Es war für mich sehr heilsam zu sehen, dass nicht nur Bekannte und Verwandte anwesend waren, sondern auch einige Freunde von Thomas, die rote Rosen niederlegten. Er war beliebt gewesen. Auf seinem Grabstein hatten wir eingravieren lassen: „Unserem geliebten Sohn. Dunkel ist es nun um dich, von Stund‘ an tragen wir dein Licht“.

Dankbar drückte ich Annettes Hand, die mich mit tränenverschleiertem Blick ansah. „Ich danke dir, dass du uns Thomas geschenkt und geboren hast.“

Sie nickte stumm. Zusammen nahmen wir zahlreiche Beileidsbekundungen entgegen und drückten viele Hände. Für alle waren wir dankbar. Wolfgang an meiner Seite umarmte mich still. Ich war so dankbar, ihn als besten Freund um mich zu haben.

Nach der Trauerfeier verbrachte ich anschließend noch eine Woche zusammen mit Annette und als ich sicher war, sie allein lassen zu können, verabschiedete auch ich mich zurück in mein Frankfurter Leben. Ich stürzte mich erneut in die Arbeit. Das beste Mittel, um nicht nachdenken zu müssen.

Doch in der Firma wehte plötzlich ein anderer Wind. Unser Schweizer Mutterkonzern hatte die Geschäftsleitung ausgetauscht. Alles befand sich im Umbruch. Es wurden Stellen neu besetzt und Mitarbeiter entlassen. Auch bei uns in Deutschland. Einzelne Filialen, die ich so oft und gerne als Außendienstler besuchte, wurden penibel überprüft und am Umsatz gemessen, einige Reisebüros geschlossen und andere mehr gefördert. Durch Ruth Gebhardt hatte ich viele Freiheiten genießen dürfen, nun stand auch ihre Arbeitsstelle auf dem Prüfstand. Was wurde aus meinem Job? Ich hatte Angst und brachte mich noch mehr als sonst ein. Ich übernahm freiwillig Tätigkeiten, die früher nicht zu meinem Aufgabengebiet gehört hatten. Trotzdem erhielt ich zunächst eine Kürzung meiner Arbeitsstelle. Anstatt Vollzeit sollte ich nun halbtags arbeiten. Mein Gehalt wurde ebenfalls gekürzt. Meine Reisen nach Kenia gestrichen. Ich durfte zwar immer noch vergünstigt fliegen, aber eben nur noch einmal im Jahr, nicht wie zuvor bis zu dreimal. Ich hatte die letzten Jahre oft und gerne mein geliebtes Afrika besucht und kannte mich mittlerweile bestens aus.

Auch Marie hatte ich als Begleitperson schon mitgenommen, allerdings vertrug sie das tropische

Klima nicht. Noch immer war sie körperlich angeschlagen und nahm ihre Medikamente. Mit der Kürzung meines Gehaltes fing wieder das sparsame Leben an. Auch meine Freundin arbeitete gesundheitsbedingt nicht mehr die volle Stundenanzahl, zudem kümmerte sie sich noch um unsere Hündin Lucy. Dennoch wollte ich meinen Job behalten, auch als Ruth durch eine unsympathische Frau Becker ersetzt wurde. Meine Freiheiten waren somit dahin. Anstatt mir noch zusätzlich einen Nebenverdienst zu suchen, fing ich an, Überstunden zu leisten und mich mehr als sonst in der Firma einzubringen. Mein Engagement wurde zwar gerne gesehen, die zusätzliche Arbeitszeit aber nicht entlohnt. Mir saß einfach die Angst im Nacken, meinen heiß geliebten Job zu verlieren. Marie und ich kamen gerade so über die Runden. Die Miete unserer Zweieinhalbzimmerwohnung und diverse Versicherungen konnten wir gerade so tragen, mit den Lebensmitteln wurde es bis Ende des Monats allerdings ziemlich knapp. Ich lernte, mich einzuschränken. Wir drehten das Geld zweimal um und trotzdem reichte es hinten und vorne nicht. Ich fing an, Schulden zu machen. Zunächst bei Freunden und Bekannten, dann auch bei verschiedenen Banken. Eine Spirale, die sich nicht aufhalten ließ. Ich verlor nach und nach den Überblick über meine Finanzen und kam mit den Ratenzahlungen in Rückstand. Auch verschiedene Privatpersonen wollten nun ihr Geld endlich wiedersehen. Ich geriet in Panik und stürzte gleichzeitig in Depressionen. Wie sollte ich jemals aus diesem Schlamassel herauskommen? Oft vermisste ich Kenia. Ich hatte mich daran gewöhnt, alle sechs Monate in Ostafrika zu sein. Nun war ich schon lange nicht mehr dort gewesen. Ich vermisste die Leichtigkeit, die freundlichen Menschen, den Indischen Ozean, das Klima, die Farben und Gerüche. Am liebsten würde ich auswandern, dachte ich bei mir. Alles hinter mir lassen und weg, nur weg. Deutschland den Rücken kehren, nie wieder zurückkommen. Hier hatte mir das Leben bislang nur Pech gebracht. Aber da waren Marie und Lucy und eben auch meine Schulden. Also machte ich weiter, auch wenn es schwerfiel. Ich sann nach Möglichkeiten und grübelte so manche Nacht lang. Ich musste mich den Dingen stellen. Ich konnte meine Augen nicht davor verschließen. So beschloss ich, Schadensbegrenzung zu betreiben. Was hatte ich auch für eine Wahl?

Solange ich noch einen Job besaß, hielten die Banken einigermaßen die Füße still. So bat ich um eine Ratenpause für die Rückzahlungen und war erstaunt, dass man mir diese – ohne viel Aufhebens – genehmigte. Nun hatte ich etwas Luft. Nur bei Freunden und Verwandten musste ich endlich Geld locker machen. Schon wieder kamen mir irrsinnige

Ideen. Sollte ich wieder krumme Geschäfte machen? Ich fing zunächst klein an. Ich fingierte Rechnungen für die Buchhaltung meines Arbeitgebers, indem ich vorgab, Einkäufe für Büromaterialien getätigt zu haben. Noch kontrollierte niemand mein Büro und meinen Schreibtisch. Es war egal, ob ich nun Büroutensilien gekauft hatte oder nicht. Man durfte sich das Geld bar aus der Kasse nehmen, die bei uns in der Frankfurter Filiale lag, und so kam ich fast jede Woche mit einer neuen Rechnung an. Ich ließ Stempel anfertigen, von diversen Schreibwarengeschäften der Umgebung, mit denen ich die Quittungen abstempelte. Eine Unterschrift erfand ich ebenfalls. Ich erhielt die Kleinbeträge und verteilte diese im Bekanntenkreis, mit dem Versprechen, dass bald mehr folgen sollte, um die gemachten Schulden zu tilgen. Frau Becker ordnete zudem an, unsere verbliebenen Reisebüros mit neuen Farben aufzufrischen und zu renovieren. Sie beauftragte mich, eine Malerfirma zu finden, die preisgünstig war. Ich bot mich an, diesen Job in meiner Freizeit zu übernehmen, und malerte von nun an die Filialen. Ich wurde mäßig bezahlt, aber es war besser als nichts. Auch hier fälschte ich wieder Rechnungen, denn schließlich musste ich Unmengen von Farben einkaufen, die niemand kontrollierte. Ich hing natürlich an meinem Job, aber die Umstände zwangen mich zum Betrug. Als ich die Filialen fertig hatte, kam Frau Becker auf die Idee, Reisegutscheine zu verlosen, indem die Kunden einen Newsletter mit einem Gewinnspiel erhielten. Es waren Gutscheine im Wert von je fünfhundert Euro für eine Reise nach Kenia, die ich verwalten sollte. Die Kunden sollten in unseren Reisebüros buchen und die Gutscheine wurden anteilmäßig angerechnet. Ich sollte die Verlosung überwachen und die Gewinner ziehen. Auch hier kam ich wieder auf die Idee des Betruges. Ich kannte einige Personen recht gut, die regelmäßig mit unserem Unternehmen nach Kenia flogen und mehrfach buchten. Denen bot ich je einen Gutschein an, indem ich sie als Gewinner einsetzte, und teilte mir mit ihnen die Beute. Es waren im Großen und Ganzen Kleinbeträge, die ich mit meinem Tun verdiente, aber so konnte ich meine privaten Gläubiger hinhalten. Ich hoffte nur, dass ich niemals auffliegen würde.

Eines Tages erwischte ich unsere Frau Becker mit dem neuen Boss aus unserem Schweizer Mutterkonzern. Er war auf großer Deutschlandtour und besuchte uns in Frankfurt. Ein recht angenehmer Zeitgenosse. Wie so viele dieser Landsmänner eben. Nett, mit dem unverkennbaren schweizerischen Akzent, dunkelhaarig, klein und etwas untersetzt. Frau Becker hatte eindeutig etwas mit ihm, es war die Art und Weise, wie sie sich ansahen und miteinander sprachen. Sie war schon öfter in der Schweiz gewesen und hatte sich beruflich mit ihm besprochen. Da hat sie ja nichts anbrennen lassen, dachte ich bei mir. Herr Zürcher war zudem verheiratet und hatte nun offensichtlich ein Verhältnis mit ihr. Ich überlegte, wie ich meine Beobachtungen zu meinem Vorteil nutzen konnte. Ich wollte meine uneingeschränkte Freiheit wieder, ähnlich wie damals bei Ruth Gebhardt. Noch hatte ich ein unterkühltes Verhältnis zu Frau Becker, aber mein Ziel war es, sie mit ihren eigenen Waffen zu schlagen. Ich musste nur die Augen und Ohren offenhalten. Sobald ich beide in einer eindeutig verfänglichen Situation erwischte, hatte ich Frau Becker dort, wo ich sie haben wollte. Mir kam daher gelegen, dass Herr Zürcher uns gemeinsam zum Abendessen einlud und danach noch an die Bar seines Hotels im Herzen der Stadt. Ich sagte erfreut zu. Alkohol lockert bekanntlich die Stimmung und so hatte ich einen Plan für den heutigen Abend. Frau Becker war es wahrscheinlich nicht recht, mich dabei zu wissen, aber sie musste Haltung wahren.

Schnell wurde es Abend und wir saßen auch schon im noblen Restaurant seines Hotels. Herr Zürcher schien wenig bis keine Ahnung zu haben, welche finanziellen Probleme die Firma gerade hatte, jedenfalls ließ er nichts darüber verlauten. Frau Becker hielt wahrscheinlich einiges von ihm fern. Tatsächlich boomte nämlich bei uns in Deutschland das Tourismusgeschäft lange nicht mehr so wie früher. Es lag auch an den erhöhten Preisen für Reisen nach

Kenia und an den Kerosinzuschlägen. Unsere Stammkunden waren es gewohnt, sehr günstig über uns in den Urlaub zu fliegen. Die Preiserhöhungen gefielen niemandem. In der Schweiz jedoch hatten die Filialen – rund um den Mutterkonzern – noch gut zu tun. Herr Zürcher ließ sich daher nicht lumpen und bestellte uns erst einmal eine gute Flasche Wein und teures Essen.

„Wie läuft es bei Ihnen, Herr Schönburg", begann er das Gespräch.

Ich versuchte, mich in das beste Licht zu rücken, erzählte von meinem Engagement im Außendienst und wie sehr ich den Job schätzte.

Ich machte Small Talk und verkaufte mich an Herrn Zürcher, wie es nie einer besser gekonnt hätte. Gerne würde ich wieder Vollzeit arbeiten, aber leider fiel das Gespräch nicht auf dieses Thema. Nun war es an mir, Frau Becker zu beobachten. Sie hatte sich für den heutigen Abend sehr elegant angezogen und den Platz neben ihm gewählt. Ich saß ihr direkt gegenüber. Je lustiger der wirklich angenehme Abend wurde, umso mehr berührten sich die Hände der beiden, rein zufällig. Ich war gespannt darauf, ob sie zu fortgeschrittener Zeit noch zusammenblieben, wenn ich längst gegangen war. Ich überlegte fieberhaft, wie ich Frau Becker die nächsten Tage mit meinem Wissen konfrontieren konnte. Ich wollte ihr weder schaden noch in

Ungnade fallen. Jedoch sollte sie mir einige Freiheiten zurückgeben und natürlich erhoffte ich mir wieder ein besseres Gehalt. Das Angebot, uns zu duzen, würde ich ebenfalls machen, schoss es mir durch den Kopf. Ob ich die Becker nun persönlich mochte oder nicht.

„Herr Zürcher, wie geht es denn der werten Frau Gemahlin?“, fing ich nun erneut an zu sprechen und musste schmunzeln.

Er räusperte sich etwas verlegen. „Danke, sehr gut, sie ist derzeit auf einer Heilkur für vier Wochen“, informierte er mich.

Aha, dachte ich bei mir, freie Bahn für ihn. Natürlich kannte ich den Reiz des Verbotenen nur zu gut, ich war auch nie wirklich treu gewesen in meinen Beziehungen. Aber das hier war doch wirklich eine kleine Sensation! Wenn das die Kollegen gewusst hätten.

„Es ist schon spät“, nahm ich den Faden wieder auf. Ich verabschiedete mich galant und bedankte mich höflich. Wer blieb, war Frau Becker. Ich hatte es nicht anders erwartet. Als ich zu Hause war, entschied ich mich für eine Mail an meine Chefin, die konnte sie morgen früh lesen. Hoffentlich kippte sie ihren Kaffee dabei nicht um, schmunzelte ich in mich hinein. Ich verfasste also eine kleine humorvolle Nachricht an sie, in der ich ihr mitteilte, was ich beobachtet hatte und dass ihr Geheimnis bei mir gut aufgehoben sei. Höflich bedankte ich mich noch einmal für den gelungenen Abend und bot ihr im letzten Absatz das Du an. Sehr gespannt ging ich schlafen.

Als ich am nächsten Tag in mein Office kam, erwartete mich schon Frau Becker. „Ich bin die Gabriele." Sie gab mir die Hand und errötete. Von nun an ging es mir im Job wieder besser, ich erhielt sogar für geleistete Überstunden eine anteilige Bezahlung. Gabriele stellte sich gut mit mir, immerhin sollte ihr Geheimnis bei mir gut verwahrt bleiben. Damit hatte ich nun wirklich keine Probleme mehr. Solange ich nur meine Vorteile wieder besaß.

5) Geliebte Marie

Marie war selten beim Doktor gewesen und hatte versäumt, ihre chronische Bauchspeicheldrüsenentzündung kontrollieren zu lassen. Sie nahm nur noch homöopathische Medikamente aus der Apotheke gegen ihre Bauchschmerzen. Diese kippte sie gerne mit Hochprozentigem herunter. Ihr Konsum war über die Jahre nicht weniger geworden und sie klagte nun wieder öfter über Übelkeit.

„Jürgen, mir ist nicht gut. Ich lege mich hin und nehme die Wärmflasche mit ins Bett", sagte sie ein ums andere Mal.

Schließlich konnte ich es nicht mehr mit ansehen und zwang sie regelrecht zur ärztlichen Kontrolle. Widerwillig machte sie einen Termin bei ihrem Hausarzt.

„Und wie war es?", fragte ich meine Freundin, als ich Donnerstagabend nach Hause kam. „Du hattest doch heute dein Gespräch beim Doktor."

Marie seufzte. „Ja, das stimmt, er hat mir eine Überweisung gegeben für den Ultraschall des Bauchraumes. Ich habe ihm meine Beschwerden mitgeteilt und er meinte, mit einer chronischen Bauchspeicheldrüsenentzündung sei nicht zu spaßen."

Ich sah Marie an. „Wann gehst du hin?"

Sie zuckte mit den Schultern. „Ich muss erst einen Termin ausmachen, ich weiß es noch nicht."

„Schieb es nicht auf die lange Bank“, antwortete ich ihr und kraulte unsere Hündin.

In den folgenden Wochen wurde für mich eine erneute Deutschlandtour geplant. Zwei Wochen lang sollte ich wieder unsere Filialen besuchen und nach dem Rechten sehen. Meine Reise wurde mit je zehn Arbeitsstunden pro Tag geplant. Nach Rückkehr sollte ich entsprechend meinem Teilzeitvertrag die zusätzlich geleisteten Stunden abfeiern. Meine erste Station war die Filiale in München. Auch dort bemerkte ich sofort den anderen Wind, der nun wehte. Die Büroleiterin empfing mich unterkühlt. Man hatte ihr Team neu aufgestellt und eine Frist mit Umsatzvorgaben gesetzt, die unerreichbar schienen. Dementsprechend schlecht gelaunt kam mir Frau Heinicke entgegen. Sie bat mich, im Verkaufsraum Platz zu nehmen. Freundlich fragte ich nach ihrem Befinden.

„Wie geht es Ihnen, Frau Heinicke?“

Früher hatten wir locker miteinander Kaffee getrunken, nun antwortete sie mir gereizt: „Wie soll es schon gehen? Meine Tage hier sind gezählt, wenn die Verkaufszahlen nicht sprunghaft ansteigen.“

Bedauernd sah ich sie an. Ich besprach mit Frau Heinicke den derzeitigen Umsatz, versuchte sie, so gut es ging, aufzubauen, und zeigte ihr Werbemaßnahmen auf, die sie mit ihrem zur Verfügung stehenden Budget in die Wege leiten konnte. Mehr stand nicht in meiner Macht. So oder ähnlich liefen auch meine Besuche in den anderen Reisebüros ab. Die Stimmung war allgemein gereizt, die Mitarbeiter verunsichert und jeder hatte Angst um seinen Job.

Als ich wieder nach Hause kam, ging es Marie nicht viel besser als vorher. Zudem hatte sie den Anruf beim Internisten immer noch nicht getätigt. Ich wurde langsam ungehalten.

„Marie, du musst anrufen und einen Termin ausmachen“, rief ich etwas lauter als gewohnt.

Schlussendlich griff sie am nächsten Tag zum Hörer und teilte mir das Datum mit.

„Das ist ja noch etwas hin“, meinte ich und sah sie von der Seite an. „Schone dich und geh noch mehr mit Lucy spazieren. Frische Luft tut gut. Und vor allem hör auf, so viel zu trinken“, maßregelte ich sie. Ich hatte wirklich den Kopf voll mit meiner Arbeit und meine Zukunftsängste zermürbten mich. Nun kam noch die Sorge um Marie hinzu. Wenn sie doch nur etwas mehr auf sich achten würde. Die nächsten Tage schnitt ich das Thema nicht mehr an und als Maries Arzttermin endlich anstand, entschloss ich mich kurzerhand, sie zu begleiten. Der Internist untersuchte Marie und nahm ihr Blut ab. Ich saß im Wartezimmer und als sie wiederkam, wirkte sie erleichtert, es hinter sich zu haben.

„Wann weißt du Genaueres?“, fragte ich meine Freundin.

„Sie rufen mich an, wenn die Ergebnisse vom Labor da sind“, antwortete sie. Überraschenderweise bekamen wir bereits am nächsten Tag den Anruf. Marie sollte noch einmal vorbeikommen und das am besten sofort. Marie bekam es mit der Angst zu tun. Gerne wollte ich sie auch diesmal begleiten, aber es stand eine Besprechung mit Gabriele Becker an. Ich konnte nicht weg. Als ich abends vom Büro nach Hause kam, fand ich eine angetrunkene Marie vor. Sie weinte.

„Was ist los?“, fragte ich sie erschrocken.

Marie antwortete nicht. Sie wirkte teilnahmslos und geschwächt. Ich ging zu ihr und nahm sie bei den Schultern. „Marie, was ist?“

„Ich habe Bauchspeicheldrüsenkrebs“, antwortete sie leise.

Mir zog es den Boden unter den Füßen weg und ich setzte mich schnell neben sie auf die Couch. Meine Beine zitterten. Wie viel Leid und Elend musste ich denn noch ertragen? Marie war unfähig, mehr zu erzählen, der Schock saß zu tief. Ich löcherte sie mit Fragen, bekam aber keine Antwort. Ich muss Gabriele anrufen, ging es mir durch den Kopf. Ich konnte am nächsten Tag nicht zur Arbeit erscheinen, ich wollte ein Arztgespräch, eine Erklärung, wie schlimm es tatsächlich um meine Freundin stand. Ich lief zum Telefon. Meine Beziehung zu Gabriele Becker war mittlerweile freundschaftlich und sie gab mir frei.

„Marie, ich möchte morgen mit dir zum Arzt“, sagte ich in Richtung Couch. „Bitte ruf morgen früh dort an, wir kommen vorbei.“

Ich wusste nicht, ob ich überhaupt dabei sein durfte, schließlich war ich mit Marie nicht verheiratet, aber ich wollte es wenigstens versuchen. Bauchspeicheldrüsenkrebs – ich war fassungslos.

„Ich muss Ihnen leider nochmals mitteilen, dass es sich um ein Pankreaskarzinom handelt“, bedauerte der behandelnde Doktor, als Marie und ich am nächsten Tag vor ihm saßen. Er schaute uns betreten an. Falten erschienen auf seiner Stirn, als er sie runzelte. Seine gütigen Augen und sein empathisches Wesen erfüllten den Raum.

„Wie schlimm ist es wirklich, Herr Doktor?“, fragte ich, froh, dass ich dem Gespräch beiwohnen durfte.

„Wir müssen weitere Untersuchungen abwarten“, antwortete er. „Aber leider muss ich Ihnen jetzt mitteilen, dass der Tumor schon so groß ist, dass er die Produktion der Verdauungsenzyme oder deren Abfluss in den Zwölffingerdarm behindert. Ob er gestreut hat, kann ich zum jetzigen Zeitpunkt nicht sagen. Eine vollständige Heilung ist nur erreichbar, wenn der Tumor operativ komplett entfernt werden kann und nicht gestreut hat“, schloss er.

Mir wurde übel. Marie weinte wieder.

„Sie muss zu weiteren Untersuchungen ins Krankenhaus.“ Der Arzt blickte in meine Richtung. Er erklärte uns genau, was zeitnah auf Marie zukam, und ich stellte ihm mehrere Fragen. „Hoffen wir, dass wir operieren können“, schloss der Doktor und sah Marie bedauernd an. „Kopf hoch, junge Frau, Sie schaffen das.“

Wir verließen aufgewühlt seine Praxis.

Ich informierte umgehend Maries Eltern, die in der Region um den Bodensee wohnten. Ebenso zutiefst geschockt, versprachen sie, mental beizustehen, wo es nur ging. Ich nahm Marie das Versprechen ab, keinen Alkohol mehr zu trinken. Mir war nicht wirklich klar, dass Marie die Droge längst brauchte und nicht einfach aufhören konnte. Sie verbarg es nur mehr oder weniger geschickt vor mir. Oft tranken wir abends zusammen ein Glas oder zwei. Mir fiel nicht weiter auf, dass sie schon tagsüber genug hatte. Marie war oft alleine. Meine Freundin war eine liebevolle Partnerin, warmherzig und treu. Sie lachte oft und gern und gab mir über die vielen Jahre unserer Beziehung ein gutes Gefühl der Zusammengehörigkeit. Ich fühlte mich bei ihr angekommen und geborgen. Ich hatte wahnsinnige Angst, sie zu verlieren.

In den nächsten Tagen stellte sich Marie tapfer allen notwendigen Untersuchungen und informierte mich darüber. Wir telefonierten viel, wenn ich zerstreut in meinem Büro saß.

„Ich habe bereits nächste Woche eine Operation“, sagte sie mir bei einem der Gespräche. „Sie wollen den Tumor entfernen und Proben nehmen, dann können sie mit Gewissheit sagen, ob er gestreut hat. Nach der Operation sind sechs Monate Chemotherapie geplant.“

Ich musste schlucken. Ich konnte nur das Beste hoffen. Meine nächsten freien Tage nutzte ich, um mit ihr zusammen zu sein. Ich fuhr sie selbstverständlich ins Krankenhaus und wartete ängstlich das Geschehen ab. Marie selbst schwankte zwischen Verzweiflung, Wut und Angst. Sie war in schlechter seelischer Verfassung. Nun kam die schwere Operation hinzu. Ich hätte mich ohrfeigen können, dass ich die Anzeichen ihrer Krankheit nicht erkannt hatte. Marie wurde im Laufe unserer gemeinsamen Jahre immer dünner und hatte neuerdings auch einen leichten Gelbstich in den Augen. Die Ärzte hatten mich aufgeklärt. Nach der Operation würde Marie noch weiter abnehmen. Der Verdauungstrakt müsste zudem angepasst werden, wenn man den Tumor, einen Teil oder die gesamte Bauchspeicheldrüse entfernen würde. Der Patient müsse sich danach viel schonen, gesund ernähren und dauerhaft Enzyme schlucken, um Eiweiße aufnehmen zu können. Wenn die komplette Bauchspeicheldrüse entfernt werden müsse, würde Marie automatisch Diabetes haben. Auf jeden Fall habe der Eingriff großen Einfluss auf ihren Stoffwechsel. Es kam also einiges auf Marie zu. Ich konnte nur hoffen, dass sie stark genug dazu war.

Die Operation dauerte und dauerte, ich saß bereits seit vier Stunden im Krankenhaus. Mein Gedankenkarussell hörte nicht auf, sich zu drehen, ich fühlte mich unendlich hilflos.

„Leider ist der etwa fünf Zentimeter große Tumor derzeit inoperabel“, erklärte mir der behandelnde Arzt, als er im Wartebereich auf mich zukam. „Wir haben Proben genommen und können jetzt schon sagen, dass er leider einige Organe befallen, also gestreut hat.“

Meine Knie wurden weich. „Was bedeutet das, Herr Doktor?“, fragte ich ihn ängstlich.

„Ihre Freundin muss jetzt eine Chemotherapie bekommen. Der Tumor sollte sich bestenfalls verkleinern, dann versuchen wir erneut, zu operieren.“

Ich nickte.

„Es kommen schwere Zeiten auf Sie beide zu, Herr Schönburg“, sagte der Arzt und verabschiedete sich von mir. Seine Patienten warteten, er sah gestresst und müde aus. Die nächsten Tage besuchte ich Marie, so oft es mir möglich war, im Krankenhaus. Als sie entlassen wurde, plante man bereits eine intensive Chemotherapie für die kommende Woche. Es ging alles rasend schnell, man wollte keine Zeit verlieren. Die Therapie hatte für Marie heftige Folgen. Da sie so schmal und zierlich war, wütete das Gift in ihren Adern. Trotz der Medikamente gegen Übelkeit erbrach sie immer wieder und schlief anschließend erschöpft viele Stunden. Dass ihre Haare Stück für Stück ausfielen, war das kleinere Übel. Eine Strähne nach der anderen verabschiedete sich. Fast ein Dutzend Zyklen intravenöse Chemotherapie im Abstand von drei Wochen war ein Frontalangriff auf ihre Krebszellen. Krebs ist einfach nicht greifbar, aber allgegenwärtig.

Mit Marie litten noch andere Krebspatienten in der Klinik. Sie gewann einige gute Freunde in dieser Zeit. Gemeinsam versuchten sie, sich zu stärken und die Hoffnung nicht aufzugeben. Man versuchte alles, um Marie zu helfen, den bösartigen Tumor zu verkleinern. Die rettende Operation vor Augen versuchte auch ich, Marie psychisch und körperlich zu stärken. Wir berührten uns viel, hatten aber keinen Sex mehr. Marie war zu schwach und die trockenen Schleimhäute taten ihr Übriges, sodass sie sich beim Liebesspiel sehr unwohl gefühlt hätte. Hinzu kamen ihre erheblichen Konzentrationsschwierigkeiten. Ich fuhr sie mit dem Auto zu sämtlichen Terminen, sofern es meine Arbeit zuließ. Ihren eigenen Job konnte sie längst nicht mehr ausüben und war im Allgemeinen in einer sehr schlechten Verfassung.

„Jürgen, ich kann nicht mehr“, jammerte sie oft. „Es ist zu viel.“

Die geweinten Tränen, die Vorstellung, zu sterben, dann wieder der Glaube, alles könnte doch noch gut werden und dann wieder die Unsicherheiten. Der Umgang mit dem Tod und der Schmerz, dass ausgerechnet ihr dies alles widerfuhr, zermürbten sie zusehends. Und ich war so hilflos. Das alles mit anzusehen, zerfraß auch mich Stück für Stück.

Wie froh waren wir, als wir endlich erfuhren, dass der Tumor sich in Maries Körper verkleinert hatte. Die behandelnden Ärzte planten eine weitere Operation und auch hier wurde wieder alles sehr schnell in die Wege geleitet. Wir gingen gut vorbereitet und offen in die Gespräche mit den Ärzten und wir hatten große Hoffnung. Maries psychischer Zustand besserte sich bereits, ihre Lebensqualität stieg wieder. Was wollte der Krebs uns eigentlich sagen?, dachte ich mir immer wieder. Dass wir gemeinsam mehr auf uns achten sollten? Den Alkohol endlich verbannen, uns gesünder ernähren? Das Leben schätzen und lieben? Nun, wenn es das war, was er uns sagen wollte, dann hatten wir endlich gelernt.

Marie wurde an einem Donnerstag im Februar das zweite Mal operiert und die Ärzte machten uns Hoffnung, wenn auch keine großen. Der Tumor war entfernt worden und es sollten weitere Chemotherapien folgen, später stand dann ein Aufenthalt in einer Rehaklinik an. Wir wandten uns zudem an fähige Psychotherapeuten, von denen wir uns sofort verstanden fühlten. Die Fachberater halfen insbesondere Marie sehr, ihre neuen Lebensbedingungen zu akzeptieren und damit besser umzugehen. Ich versprach ihr, uns im Sommer eine kleine Ferienwohnung zu buchen, nicht weit von unserem Zuhause. Eine Woche wollten wir die Sonne und das Grün genießen, zwischen der einen Chemotherapie und der nächsten. Ich ging wieder meiner Arbeit nach und Marie versuchte, sich von der Operation zu erholen. Lucy war uns dabei eine große Hilfe. Sie gab Marie Wärme und Geborgenheit, wenn ich nicht da war. Meine Freundin hatte eingehende Anweisungen der Ärzte erhalten, welche Medikamente sie nehmen sollte, und hatte zudem striktes Alkoholverbot. Aber Marie war mental schwach, zu schwach. Sie schluckte weiterhin ihre Medikamente zu Hause mit Alkohol herunter, vorzugsweise den Sekt ihrer Lieblingsmarke. Sie versuchte, die Flaschen vor mir zu verbergen, und trank nur, wenn ich arbeiten war. Dafür aber umso mehr. Sie schluckte ihre Ängste vor der Zukunft herunter. Aber Marie war noch nie eine gute Schauspielerin gewesen und als ich es wieder einmal bemerkte, wurde ich sehr ungehalten.

„Wie kannst du nur?“, fragte ich erbost. „Du bist schwer erkrankt und dein Immunsystem ist geschwächt.“ Auch wenn ich mich in ihre Lage hineinversetzen konnte, wollte ich es nicht wahrhaben, dass Marie süchtig war. Ich selbst hatte meinen Alkoholkonsum im Griff, so dachte ich. Es hatte schließlich schon schlimmere Zeiten gegeben. Zudem konnte ich nicht betrunken zur Arbeit kommen. Marie machte mir große Sorgen!

Zunächst aber hatte ich in der nahe gelegenen Stadt Mannheim eine Touristikmesse zu planen. Gabriele Becker wollte eine große Werbung für unser Unternehmen. Mir war nicht ganz klar, wie Gabriele dieses Werbebudget lockergemacht hatte, aber wahrscheinlich über Herrn Zürcher bei einem ihrer gemeinsamen Schäferstündchen. Wir hatten das Equipment bereits bei mir im Office gelagert, Leinwände, Beamer und unsere Reisekataloge. Zudem Dekorationsmaterial in Form von geschnitzten Holztierfiguren aus Kenia. Die Afrikaner waren ausgezeichnete Handwerker und Meister ihres Faches. Wir besaßen filigran geschnitzte Elefanten und Giraffen, die ganze Palette der Big Five. Unser Verkaufsstand sollte der Hingucker werden. Die Damen aus unserer Filiale in Frankfurt sollten die Werbetrommel rühren und auch am Stand verkaufen. Ich war natürlich auch eingeplant. Messen fand ich im Allgemeinen gut. Es war so eine lockere Atmosphäre und ich konnte stundenlang über mein geliebtes Kenia sprechen. Nur musste ich Marie für eine ganze Woche alleine lassen. Daher bat ich ihre Eltern, mit dem Auto von Meersburg zu kommen und sich um sie zu kümmern. Auch sollten Manfred und Brigitte sie zu ihren Behandlungen fahren. Mir fiel nichts Besseres ein.

Gesagt, getan. Ich reiste nach Mannheim ab. Ich bezog mein Hotelzimmer und traf mich anschließend mit den Frankfurter Reisebürodamen zur Besprechung und zum Aufbau unseres Verkaufsstandes. Ich konnte seit Langen mal wieder herzhaft lachen und war völlig gelöst. Morgen schon sollte die Messe beginnen, es wurden zahlreiche Besucher erwartet. Ich freute mich sehr darauf.

Am nächsten Morgen ging es dann auch schon richtig los. Der Ansturm des ersten Tages brach bereits alle Rekorde und unser Stand war gut besucht. Wir hatten Tische und Stühle sowie Getränke bereitgestellt und wir alle waren vertieft in unsere Kundengespräche. Endlich wieder Umsatz. Die Leute, die kamen, hatten auch explizit vor, eine Urlaubsreise zu buchen, und wir hatten extra für die Messe Sonderpreise herausgegeben.

Ich war ganz erstaunt, als plötzlich ein Kamerateam der Mannheimer Lokalnachrichten vor unserem Verkaufsstand auftauchte und ehe ich mich versah, gab ich mein erstes Fernsehinterview. Ich fühlte mich wunderbar. Endlich wieder konnte ich das tun, was ich am besten konnte: über Afrika sprechen und meine Mitmenschen in den Bann ziehen. Als das Interview in den Achtzehn-Uhr-Nachrichten auftauchte, rief mich sogar Gabriele erfreut an. Ich war stolz auf mich. Die folgenden zwei Tage liefen ähnlich hektisch aber erfreulich, sodass ich mich zu Hause nicht meldete. Marie hatte ihre Eltern und es würde schon alles gut sein. So war ich dann doch sehr erstaunt, als ich Manfreds Nummer auf meinem Handy-Display sah und fragte etwas irritiert in den Hörer: „Manfred, ist alles in Ordnung?“ Ich hörte Maries Vater weinen.

„Nichts ist in Ordnung, Jürgen, du musst schnell nach Hause kommen. Marie hat versucht, sich das Leben zu nehmen.“

„Was?“ Ich war entsetzt. „Wie geht es ihr?“, fragte ich fassungslos.

Manfred erklärte mir, dass Marie im Krankenhaus liege und ich sofort kommen sollte.

„Manfred, ich kann hier nicht weg“, antwortete ich ihm. „Ich muss bis Freitag bleiben. Bitte sag mir, was hat Marie sich angetan, ist sie außer Lebensgefahr?“

Brigitte übernahm nun den Hörer und erzählte mir, dass Marie gestern Abend Schlaftabletten genommen hatte und ihr Magen im Krankenhaus ausgepumpt worden sei.

„Sie ist außer Lebensgefahr, Jürgen“, beruhigte mich Maries Mutter. „Wir haben sie Gott sei Dank rechtzeitig gefunden.“

Ich war fassungslos. Wie schlecht musste es Marie seelisch gehen, wenn sie das tat? Und ich war nicht da! Gott sei Dank wohnten Maries Eltern derzeit bei uns. Meine anfängliche Freude über die Messe war dahin. Ich fieberte dem Freitag entgegen. Täglich stand ich in Kontakt mit Manfred und Brigitte, die mich über die aktuelle Lage auf dem Laufenden hielten. Marie selbst hatte ich noch nicht gesprochen, was ich aber gleich am kommenden Freitag nachholen wollte. Ich überlegte fieberhaft, wie ich Marie bestärken könnte, an sich und ihre Genesung zu glauben. Die Chemotherapie verlangte ihr alles ab, das war mir klar, aber es war nun mal unumgänglich. Sie hatte sich aufgegeben, ich musste etwas tun!

Endlich war das Ende der Mannheimer Woche gekommen und ich fuhr direkt ins Krankenhaus zu Marie. Blass und verstört traf ich sie an.

„Marie, was machst du nur?“ Ich nahm sie in den Arm.

„Ich kann nicht mehr, Jürgen, ich will auch nicht mehr“, antwortete sie weinend. „Ich werde nicht wieder gesund, lass mich sterben. Ich will die Chemotherapie abbrechen.“

Mir fehlten die Worte. Woher kam dieser plötzliche Sinneswandel? Hatten wir nicht bei Psychologen gesessen und war Marie nicht voller Zuversicht gewesen?

„Schatz, wir schaffen das. Du musst einfach wieder gesund werden“, sagte ich, aber sie schüttelte nur traurig den Kopf.

Und leider sollte sie recht behalten. Bei engmaschigen Kontrollen im Krankenhaus wurde festgestellt, dass der Krebs wider Erwarten weiter in Maries Körper wütete. Der Tumor war zwar entfernt worden, aber die befallenen Organe waren dermaßen in Mitleidenschaft gezogen worden, dass eine hundertprozentige Heilung ausgeschlossen war. Marie brach die Chemotherapie ab und fuhr auch nicht zur medizinischen Rehabilitation. Sie verkroch sich zu Hause mit Lucy an ihrer Seite. Ihre Überlebenschancen waren verschwindend gering und die Ärzte gaben ihr nur noch wenige Wochen Lebenszeit.

„Wir können nichts tun, Herr Schönburg, wenn sie sich selbst aufgegeben hat“, antworteten mir die Ärzte, als ich verzweifelt versuchte, Lösungen zu finden. Ich wollte nicht glauben, dass ich Marie verlor. Ich verbrachte sehr viel Zeit mit ihr und wir fuhren zusammen in ein Ferienhäuschen in der Nähe. Dort genossen wir, gemeinsam mit Lucy, schöne Tage. Wir waren uns sehr nah und redeten viel.

„Ist dir aufgefallen, dass Lucy in letzter Zeit weniger frisst?“, fragte mich Marie in unserer Urlaubswoche. „Sie hat so gar keinen Hunger mehr.“

Mir war weder aufgefallen, dass unsere Hündin keinen großen Appetit mehr hatte, noch dass sie öfter schlief. Die enge Bindung zu unserem Hund hatte Marie aufhorchen lassen.

„Bitte bring Lucy nächste Woche zum Tierarzt“, bat sie mich, was ich selbstverständlich versprach. Ich musste lächeln. Marie und ich hatten keine Kinder zusammen und auch wenn ich wusste, dass sie sehr gerne Mutter geworden wäre, hatte ich mich immer gesträubt. Für mich gab es da keine Option.

Lucy war wie ein Kind für Marie und sie hing sehr an ihr. Ich verstand das und fuhr demnach zum Tierarzt. Ich verlangte eine große Untersuchung mit Blutabnahme. Ich wollte alles abgedeckt wissen, um Marie zu beruhigen.

Leider schockierte mich das Ergebnis dermaßen, dass ich nicht wusste, wie ich es meiner Freundin mitteilen sollte. Lucy hatte Tumore im Magen-Darm-Trakt und die Tierärztin sah keine Möglichkeit der Operation, denn sie waren zu weit vorangeschritten. Einfühlsam erklärte mir die Ärztin, dass ein Einschläfern bei Lucy das Beste sei.

„Sie quält sich, Herr Schönburg." Aufmunternd gab sie mir die Hand. „Ich weiß, dass es schlimm ist, aber für Lucy das Beste. Erlösen Sie ihre Hündin."

Ich nahm Lucy in den Arm und drückte sie an mich. Das Leben war die Hölle! Ich konnte nicht mehr. Marie reagierte fassungslos auf die schlimme Nachricht. Gemeinsam konsultierten wir weitere Tierärzte, das Ergebnis war immer das Gleiche! Lucy musste eingeschläfert werden und an diesem Tag gab sich Marie endgültig auf. Hatte sie vorher ab und zu noch mit mir gelacht, wurde sie nun still und in sich gekehrt. Der Verlust von Lucy hatte sie gebrochen.

Es war Winter geworden und das Hessische Bergland verschwand im Schneechaos. In Frankfurt wütete kalter Wind von Nordost und es hagelte. All das nahm ich nicht wahr, denn ich saß an Maries Krankenbett im Hospiz. Die letzten Wochen war sie extrem dünn geworden, aß nicht mehr und redete wenig. Ich hatte sie dorthin gebracht. Es war die beste Adresse in der ganzen Stadt. Ich hatte mich vorab informiert. Marie konnte einige persönliche Habseligkeiten mitnehmen und ich dekorierte ihr Zimmer entsprechend. Die Pfleger waren sehr einfühlsam und nett. Ich hatte das Gefühl, Marie war hier gut aufgehoben, und ich besuchte sie, so oft ich konnte. Immer brachte ich frische Blumen mit und Maries Zimmer war voll davon. Das Blütenmeer duftete und ein Hauch von Frühling wehte durchs Zimmer. Marie wurde rund um die Uhr gepflegt, bekam Medikamente und hatte somit keine Schmerzen. Das war für mich eine große Erleichterung.

„Marie, ich liebe dich." Voller Schmerz sah ich sie an.

„Lass mich gehen, Jürgen", antwortete sie leise. „Ich habe es akzeptiert und keine Angst vor dem Tod."

„Lass uns bitte beten", sagte ich und faltete meine Hände. Marie lächelte. Sie hatte keine Kraft mehr, die Hände vor die Brust zu nehmen, aber sie sprach leise ihr Gebet zum Himmel. Wie gläubig man doch wird, wenn man dem Tod so nahe ist, dachte ich.

Nie hatte ich mich mit Gott beschäftigt, war immer mein eigener Herr gewesen. Wenn ich Mist baute, dann weil ich es verschuldet hatte. Ich machte Gott nicht dafür verantwortlich. Heute aber klagte ich ihn im Stillen an. Warum tust du das?, schrie meine Seele. Ich bekam keine Antwort. Ich wusste, Maries Stunde war gekommen, ich fühlte es. Noch einmal kamen die Erinnerungen der letzten Jahre zurück. Marie an meiner Seite, warmherzig und treu. Egal, was ich tat. Sie hatte mich immer unterstützt und geliebt. Oft hatte ich sie nicht gebührend behandelt, oft nach meinem Willen agiert. Sie nicht gefragt, was sie gerne gewollt hätte. War zu beschäftigt gewesen mit meinem eigenen Leben und der Arbeit. Es musste sich alles um mich drehen und um meine Bedürfnisse. Eine Partnerin an meiner Seite hatte das zu akzeptieren. Und Marie hatte das. Ich legte mein Gesicht auf ihre Brust und Tränen flossen mir die Wangen runter. Ich konnte ihr Herz spüren, sie war noch jung und es wollte leben. Kräftig und schnell schlug es. Sie schloss die Augen und ich blieb mit dem Gesicht auf ihrem Oberkörper liegen.

„Geh, Marie“, flüsterte ich. „Ich werde bei dir sein.“

Ihre Augenlider zuckten und sie war schon weit weg. Ihr Gang über die Regenbogenbrücke dauerte aber noch die ganze Nacht und als der Morgen graute, wurde ihr Herz immer leiser, bis es aufhörte, zu schlagen. Marie hatte es geschafft!

6) Flucht nach Afrika

Einige Jahre waren vergangen, seit meine Freundin friedlich eingeschlafen war. Meinen Job hatte ich nicht mehr. Die Posten der Außendienstmitarbeiter wurden schlicht und einfach wegrationalisiert. Mir drohte die Privatinsolvenz. Meine Schulden konnte ich nicht begleichen und mir fehlte die Kraft, weiterzumachen. Ich hatte einen letzten Notgroschen gespart, den ich in ein Flugticket nach Nairobi investierte. Ich hatte nichts zu verlieren und floh vor den Behörden, den Schulden und dem Leben. Als ich schließlich im Sommer 2012 afrikanischen Boden unter meinen Füßen spürte, wusste ich, ich würde von vorne beginnen müssen. Ich wollte mir eine Arbeit suchen und mich am besten in bar bezahlen lassen. Sehen, wohin der Wind mich trieb. Ich hatte niemandem von meiner Flucht erzählt, außer Wolfgang, der mich für verrückt erklärte.

„Bist du völlig übergeschnappt?“, hatte er mich verständnislos gefragt. „Das ist dein Todesurteil. Weißt du, wie viele Krankheiten dort auf dich lauern? Die Menschen hungern in Kenia – und da willst du hin?“

Ja, dorthin wollte ich. In mein geliebtes Land. Zunächst kam ich in einem billigen Cottage in Nairobi unter. Es war schäbig, aber ich hatte nichts zu verlieren. Ich war endlich in Kenia und wollte neu beginnen. Ich wusste, die Masai Mara war nicht weit

– das bekannteste Tierschutzgebiet mit zahlreichen Lodges, Camps und Touristen. Genug Arbeit also. Ich hörte mich um, bewarb mich im Hauptbüro in Nairobi und hatte nach kurzer Zeit Glück. Sollte es wahr sein? Ich bekam ein Vorstellungsgespräch in der Mara River Lodge, einer der schönsten Locations in der Nord-Mara, unmittelbar am Mara River. Sie suchten einen General Manager, einen weißen Mann mit Arbeitsmoral. Vorsorglich hatte ich meine Papiere dabei und betete, dass ich den Job bekommen würde. Es war meine einzige Chance, ich musste ihn einfach haben. Als der Arbeitsvertrag vor mir lag, konnte ich es kaum glauben. Zwei Jahre verpflichtend. Sie beantragten für mich ein Work permit, eine Arbeitsgenehmigung, und in der Annahme, dass alles schon seinen Gang gehen würde, unterschrieb ich. Ich konnte bereits in der kommenden Woche beginnen und zog mit meinen wenigen Habseligkeiten in die Mara River Lodge um. Ich bekam eine tolle Unterkunft und ausreichend Arbeitskleidung. Die Verpflegung war frei und ich fühlte mich wie Gott in Frankreich. Endlich eine Perspektive! Ein neues Leben wartete auf mich. Zunächst machte ich mir ein Bild von der Lage. Die Lodge sollte – bei laufendem Betrieb – umgestaltet und renoviert werden. Zudem hatte ich von Anfang an ungefähr fünfundfünfzig kenianische Mitarbeiter zu betreuen.

Mir waren Arbeitsmoral und Einstellungen der kenianischen Menschen bereits geläufig und überall herrschte „pole, pole“ – „komme ich nicht heute, dann morgen“. Schön langsam und gemächlich. Ich musste Schwung in das Ganze bringen.

So begann ich also, mir Respekt zu verschaffen, und stellte Arbeitspläne zusammen. Dabei lernte ich jeden einzelnen Mitarbeiter persönlich kennen, bemühte mich, deren Eigenheiten und Schwächen zu erkennen, und brachte somit nach kürzester Zeit ein Team zusammen, das wie am Schnürchen lief. Natürlich musste ich täglich ein Auge darauf haben, sonst stellte sich wieder der alte Schlendrian ein. Jedes Department hatte seine HoDs – Head of Department oder auch Supervisor genannt –, welche für den korrekten Arbeitsablauf innerhalb des Departments verantwortlich waren. Ich hatte sieben verschiedene Abteilungen inne – Housekeeping, Kitchen, Administration/Reception, Maintenance, F&B und Security. Alle mir unterstellten HoDs mussten mir täglich Bericht erstatten. Gab es Probleme, war es an uns, diese im Team gemeinsam zu lösen. Hinzu kam natürlich auch die Aufgabe, die Gäste im Auge zu behalten. Mit Fragen, ob alles in Ordnung sei, welche Probleme es gäbe, kümmerte man sich persönlich um das Wohlergehen der Urlauber und speziell am Abend am Lagerfeuer wurden Geschichten über Kenia und das Tierleben erzählt.

So vergingen recht arbeitsame Tage. Frühmorgens aufstehen, Gästefrühstück und Buffet Check, HoD Meeting und Department-Kontrolle, dann das Mittagessen mit einer kleinen einstündigen Bettruhe, später die Gästebetreuung vor und während der Nachmittagspirschfahrt professionell absolvieren, Vorbereitungen in der Küche für das abendliche Buffet begutachten, Lagerfeuer für den Abend vorbereiten, E-Mails bearbeiten und Reservierungen für den nächsten Tag abrufen. Danach eine Runde über das Gelände laufen, Spotcheck und Vorbereitung auf das Abendessen. Nach dem Essen mit den Gästen am Lagerfeuer sitzen. Alles wurde von mir und meinem Team professionell und mit Leidenschaft erledigt. Ich hatte sogar einen Liebling unter den Angestellten, eine Massai-Frau namens Betty, eine stolze Erscheinung. Sie besaß hinreißende lange Beine. In der Mitte der oberen Zahnreihe hatte sie eine auffallend große Zahnlücke und rechts und links auf den Wangen kleine Markierungen.

Immer im Kopf den Spruch von Wolfgang, „Haustauben werden nicht geschossen“, fing ich an, mir selbst zu verbieten, mit ihr zu flirten. Dazu muss man sagen, ein General Manager ist unantastbar und kommt gleich hinter dem Direktor. Ich hatte ein eigenes Cottage, während die Mitarbeiter die Staff-Quartiere bewohnten, Männer und Frauen natürlich getrennt.

Aber Betty ging mir nicht aus dem Kopf. Sie wusste genau, wie sie auf mich wirkte. Eigenartig! Obwohl ich Kenia so sehr liebte, interessierten mich dunkelhäutige Frauen nie, ich hatte nicht eine einzige im Bett gehabt. Mein Sexualleben war mit deutschen Frauen erfüllt gewesen, aber nun wurde ich zunehmend neugierig. Wie wohl eine solche Rassefrau im Bett war? Mir wurde schon heiß, wenn ich sie nur ansah. Die Sonderstellung, die sie bei mir innehatte, bemerkten nach und nach auch die anderen. Ich musste vorsichtig sein. Mein Job war alles, was mich ausmachte. Durch ihn konnte ich in Kenia bleiben, wenigstens auf Zeit.

Doch der sexuelle Trieb auf Betty wurde von Tag zu Tag größer. Ich konnte mich kaum noch beherrschen. Wir hatten in der Mara River Lodge eine eigene Haus-Polizei, die aufpasste, dass die Mäuse nicht auf den Tischen tanzten, und sexuelle Kontakte untereinander waren natürlich strengstens verboten. Eines Tages fasste ich mir ein Herz und lud sie in mein Cottage zum Abendessen ein. Sie sagte sofort zu und wir verabredeten uns für die folgende Woche Mittwoch zum Dinner. Meine Freude darüber überragte natürlich alles und ich begann im Geiste, den Ablauf des Abends zu planen. Ich erinnerte mich vage, dass Betty sich mit der Kollegin vom Housekeeping besonders gut verstand, und hoffte, sie würde nicht mit der Einladung angeben. Mein Job stand auf dem Spiel. Der Mittwoch kam und ich hatte vom Chefkoch ein Abendessen vom Feinsten vorbereiten lassen, inklusive Nachtisch und viel Alkohol für die Stimmung. Wie nur kam Betty zu mir? Die Nacht-Security würde sie doch sehen. Ich machte mir ernsthaft Sorgen. Aber Betty war gewieft. Ich hatte nicht mit ihrer Cleverness gerechnet. Fridah, ihre Kollegin vom Housekeeping, die anscheinend doch eingeweiht war, machte mächtig Lärm in ihrem Quartier und zettelte einen „Streit“ mit einer Mitbewohnerin an. Sie zog die Aufmerksamkeit der Security auf sich und Betty konnte die Staff-Unterkunft problemlos verlassen. Zur verabredeten Zeit stand sie vor meiner Tür. Ich war sehr angespannt und auch sexuell erregt. Ich ließ meinen Blick über ihren wunderschönen, schlanken Körper wandern. Sie trug ein knallrotes Minikleid. Nur der Teufel wusste, wo sie es in dieser Einöde versteckt gehalten hatte.

„Gefalle ich dir?“, fragte sie mich keck, legte dabei den Kopf in den Nacken und sah mich von der Seite an.

„Sehr sexy“, antwortete ich und ärgerte mich gleichzeitig, dass ich dabei etwas rot wurde. Verlegen goss ich uns zwei Gläser Whiskey ein.

„Maisha Marefu.“ – Prost! Sie kippte das volle Glas mit einem Schluck herunter. Langsam begann sie sich auszuziehen. „Gehst du mit mir duschen?“, fragte sie mich verführerisch. Nichts lieber als das.

Ich besaß eine große Dusche, perfekt für zwei. Ich war gespannt, was mich nun erwartete. Schon fühlte ich das heiße Wasser auf meiner Haut und bewunderte ihren perfekten, schlanken Körper. Betty nahm mein Duschgel und fing an, mich sinnlich von oben bis unten einzuseifen. Dabei massierte sie mein bestes Stück und ich stöhnte zufrieden auf. Das Wasser lief mir den Körper hinab und gab mir zusätzlich ein wohliges Gefühl. Ihre Zunge wanderte über meinen erregten Körper und sie fing an, mich mit ihrem Mund in einer Intensität zu verwöhnen, wie ich es selten vorher erlebt hatte. Es bereitete ihr sichtliches Vergnügen und ich wunderte mich, woher eine Frau aus dem Busch so etwas Hingebungsvolles konnte.

„Mach weiter", stöhnte ich auf. In dieser Nacht blieb sie bei mir und wir schliefen mehrfach wild und hemmungslos miteinander. Sie bevorzugte Stellungen, die ich als Mann besonders heiß fand. Hier war ich der Gejagte und anscheinend ihre Beute. Sehr gerne ließ ich mich darauf ein. Der Sex mit Betty war grandios und ich kam mehrfach in dieser Nacht. Sie musste unglaublich viel Erfahrung haben, ich konnte nur staunen.

Wir begannen nun eine heimliche Affäre, was nicht leicht war, denn es durfte niemand bemerken. Wo auch immer wir uns in der nächsten Zeit trafen, sie verwöhnte mein bestes Stück mit einer solchen Hingebung, dass ich nicht von ihr lassen konnte.

Betty war eine Granate und ich war mehr als begeistert. Ich versuchte, sie überall zu treffen, wo keine Security war. Nicht immer konnten wir uns ausleben, aber oft genug hatten wir Glück.

Alles in allem war die Zeit in der Mara River Lodge für mich eine Erholungsphase, die Direktion mit mir zufrieden und ich glücklich. Auch den Alkohol hatte ich auf ein Maß reduziert, wie ich es zu meinen Zeiten in Deutschland nie gekonnt hätte. Ich wurde geachtet, geschätzt und lieferte gute Arbeit ab.

Deshalb war ich auch sehr überrascht, als man meinen Vertrag nicht verlängerte und ich nach zwei Jahren einfach auf der Straße stand. Die Mara River Lodge bekam ein völlig neues Management, zudem einen neuen Namen und man hatte für mich keine Verwendung mehr. Es wurden neue Mitarbeiter aus Nairobi geholt und alles veränderte sich. Betty und ich gingen nun getrennte Wege. Ich war arbeitslos und musste mich schleunigst kümmern, wenn ich in Kenia bleiben wollte. Der alte Direktor der Mara River Lodge, den ich bei seinem Vornamen – Samuel – nannte und zu dem ich ein gutes Verhältnis hatte, vermittelte mich mit seinen guten Kontakten in den Amboseli-Nationalpark. Dort entstand gerade eine neue Lodge, die von Chinesen erbaut wurde, die AA-Lodge – Afrika/Asien – denn die Chinesen waren gerade groß im Kommen. Sie hatten viel Geld, investierten, wo es nur ging, und bauten Camps und Lodges und Straßen. Sie waren aus Ostafrika nicht mehr wegzudenken und übernahmen zusehends das Kommando. Mir war alles recht, Hauptsache, ich konnte in Kenia bleiben. Mein Gehalt in der AA-Lodge war dreifach so hoch wie in der Masai Mara, auch hatte ich hier Kost- und Logis frei und wurde der General Manager. Die Lodge befand sich im Aufbau, noch waren keine Gäste da. Meine Hauptaufgabe bestand darin, das vorhandene Team vorzeigefähig zu machen und auf die Kunden vorzubereiten. Bereits in zwei Monaten sollte die Eröffnung sein. Es wurde überall gewerkelt und gebaut. Zahlreiche Bauarbeiter schufteten Tag und Nacht und es entstand eine Lodge wie aus dem Bilderbuch. Frühmorgens, wenn ich aus meiner Unterkunft trat, sah ich uneingeschränkt in die Weiten der Savanne und hatte einen grandiosen Blick auf den Kilimanjaro, seinen Berggipfel konnte man im Nebel erahnen. Was hatte ich für ein Glück!

Ich begann, mir die einzelnen Mitarbeiter anzusehen. Die Mara River Lodge war eher klein und eine Flair-Unterkunft. Die AA-Lodge protzte dagegen vor Glanz und Größe. Hier waren einhundert Mitarbeiter zu betreuen, eine große Aufgabe wartete auf mich. Mein Englisch war mittlerweile fließend, auch konnte ich einige Sätze auf Kisuaheli. Eine eher leichte Sprache, wenn man erst einmal dahinterkam, wie sie funktionierte. Ich gab mir also große

Mühe und teilte die kenianischen Frauen und Männer in Teams ein, vergab Aufgaben und schrieb Dienstpläne. Meine Chefs waren allesamt Chinesen. Wir verständigten uns deshalb in Englisch. Ich bekam jeden Tag eine Einweisung von ihnen, welches Tagesziel anstand und was sie am Abend als Ergebnis sehen wollten. Nicht immer schafften wir den straffen Zeitplan, aber alles in allem ging es gut voran.

Der Amboseli-Nationalpark hat ein feuchttropisches Klima, anders als in der Masai Mara, wo es nachts empfindlich kühl wurde. Ich schwitzte und schwitzte und musste mich erst einmal daran gewöhnen. Auch hier warteten zahlreiche Wildtiere auf die Gäste und nicht selten sah ich während der Arbeit in der Ferne Elefantenherden und Giraffen. Ich lebte tatsächlich in einem Paradies auf Erden. Mein Arbeitsvertrag umfasste erst einmal zwölf Monate und sollte dann gegebenenfalls verlängert werden. Darauf spekulierte ich natürlich und brachte mich zu hundert Prozent ein. Jeden Morgen, nach meinem Frühstück, ging ich zur Rezeption, die stets zu dritt besetzt war. Jane, Lorna und Rosemary – drei kenianische Schönheiten – arbeiteten dort. Wir besprachen den Tag und ich kontrollierte ihre Arbeit. Die Technik wurde soeben installiert. Die Chinesen wollten einen hochmodernen Check-in mit allem, was dazugehörte. Gott sei Dank war ich als Deutscher computererfahren und konnte die drei

Ladys einweisen. Rosemary fiel mir dabei besonders auf. Sie war unglaublich grazil, wie eine Gazelle. Sie besaß ungewöhnlich kurze Haare, fast schon ein Männerhaarschnitt und ein ebenmäßiges, sehr hübsches Gesicht. Zudem war sie unglaublich schüchtern und antwortete mir nur, wenn ich sie direkt ansprach. Sie stach aus der Menge der Mitarbeiter der gesamten Lodge heraus und ich hatte einen kleinen Narren an ihr gefressen. Aber es blieb bei den morgendlichen Floskeln an der Rezeption, obwohl ich mich stets auf die Gespräche mit Rosemary freute.

Tatsächlich eröffneten wir nach zwei Monaten die AA-Lodge und von Anfang an liefen die Geschäfte grandios. Vorwiegend Chinesen besuchten uns, aber natürlich auch Deutsche und Schweizer. Aber die Chinesen kamen in rauen Mengen. Wir passten die Küche danach an und so gab es kenianisch/chinesische Speisen, ein nicht ganz so leichtes Unterfangen. Die ostafrikanische Küche war geprägt von indischen, arabischen und europäischen Einflüssen. Es wurde viel mit Fisch, Fleisch und beispielsweise Spinat gekocht. Wohlschmeckende Gewürze verfeinerten das Ganze. Die Chinesen hatten da natürlich andere Geschmäcker. Da ich schon immer ein guter Esser war, schmeckte mir beides.

Nun war ich schon einige Wochen in der AA-Lodge und es gefiel mir sehr gut. Nur mit Rosemary kam ich nicht weiter. Sie war so unglaublich schüchtern, dass es mich immer mehr reizte, sie weiter kennenzulernen. Nur wie? Auch hier waren natürlich Beziehungen untereinander verboten, aber mich reizte wie bei Betty das Unmögliche. Ich musste sie einfach ansprechen und erfragen, ob sie verheiratet war oder einen Freund hatte. Nur traute ich mich nicht so richtig. Rosemary war blutjung, gerade einmal vierundzwanzig Jahre alt. Was wollte sie mit mir altem Hasen? Manchmal hatte ich den Eindruck, dass sie mir verstohlen nachschaute, aber ich konnte mich auch täuschen. Nichtsdestotrotz nahm ich eines Tages Jane zur Seite und fragte sie ein wenig über Rosemary aus, ohne dass es groß auffiel.

„Sie gehört zur Religionsgemeinschaft der SDA – Seventh Day Adventist Church“, erklärte mir Jane. „Sie ist sehr gläubig und trinkt keinen Alkohol“, fügte sie hinzu.

Wie langweilig, dachte ich. Nun konnte ich nicht mal, wie bei Betty damals, die Stimmung mit Alkohol auflockern, wenn es denn irgendwann einmal zu einem geheimen Treffen kommen sollte.

Ich musste mir irgendwann selbst eingestehen, dass ich mich in Rosemary verliebt hatte. Sie war so anders als alle anderen. Sie ging mir nicht mehr aus dem Kopf. Ich dachte nicht in erster Linie sexuell an sie, obwohl ich gerne mal wieder gewollt hätte. Seit Betty hatte ich keinen Sex mehr gehabt. Rosemary war eine Frau zum Heiraten. Moment mal, was hatte ich da gerade gedacht? Heiraten? Ich? Hatte ich vielleicht irgendein Fieber? Nein, ich konnte mir eine Ehe mit Rosemary tatsächlich vorstellen. Wie konnte ich sie nur für mich gewinnen? Ich würde meine guten Seiten herauskehren und sie beeindrucken.

Zunächst jedoch war ich in meinem täglichen Job ausgelastet und Rosemary ebenso. Mehr als Blickkontakt und kurze Arbeitsgespräche gab es nicht. Der Tourismus boomte und wir hatten alle Hände voll zu tun. An meinen freien Tagen ließ ich mich oft und gerne von unserem hauseigenen Fuhrpark in die Savannen fahren. Die Guides wohnten ebenfalls in der Lodge. Während der Jeep über das Grasland holperte, sah ich Gazellen, Gnus, Zebras und Großwildkatzen. Ich lebte einen Traum!

Auf einer dieser Touren ließ ich mich nach Kimana fahren, einem Ort außerhalb des Nationalparks im Amboseli-Gebiet. Von Jane wusste ich, dass Rosemary dort heimisch war, und wollte mir einen Eindruck verschaffen. Das kenianische Straßenbild war mir mittlerweile geläufig, ich sah den Verfall und den Dreck, roch den Gestank und hatte mich bereits daran gewöhnt. Überall wurde Müll verbrannt. Die Einheimischen lebten in Behausungen, die aus getrocknetem Ziegen- und Kuhdung gebaut wurden. Wer es sich leisten konnte, hatte ein Aluminiumdach. Ansonsten zierten Holzstöcke und Blätter die Dächer der Häuser. Kinder überall mit zerlumpter Kleidung, aber einem strahlenden Lächeln. „Sweets, sweets“ – Süßes –, riefen sie mir zu, als ich meinen Guide anwies, anzuhalten, damit ich aussteigen konnte. Ich hatte mir angewöhnt, immer ein paar Bonbons in der Tasche zu haben, und sofort war ich umringt von Kinderhänden. Ich spazierte durch Kimana und war dabei Rosemary ganz nahe. Ich dachte oft an sie. Wie sie wohl wohnt? Ich machte mir keine Illusionen, auch sie würde einfach und primitiv leben. Plötzlich fiel mir ein idyllisches Stückchen Land auf sowie ein Holzschild mit einer Telefonnummer und dem Zusatz: „Zu verkaufen“. Das ist es, schoss es mir durch den Kopf. Mein neues Zuhause! Hier würde ich gerne bauen, ein Haus, ein Heim für mich. Ich hatte einiges gespart, für kenianische Verhältnisse ein Vermögen. Ich verdiente gut, dabei waren Essen und Wohnen frei, nun häuften sich die kenianischen Schillinge in meiner Tasche. Ich notierte mir die Telefonnummer und nahm mir vor, heute noch anzurufen. Das Grundstück war einfach perfekt und ich blieb noch lange davor stehen und träumte vor mich hin. Man hatte von hier aus einen perfekten Blick auf den Kilimanjaro.

„Hello, hello?“, rief ich in den Hörer, als ich kurze Zeit später bei dem Verkäufer des Grundstücks anrief.

„Kenneth Ochieng“, stellte sich ein Mann am anderen Ende vor. Ohne Umschweife kam ich auf den

Kauf des Grundstückes zu sprechen. Schon bemerkte ich, wie aufgeregt er war, denn es winkte ein Vermögen. Nun war Handeln angesagt. Etwas, was ich in Kenia bis zur Perfektion beherrschte.

„Kenneth, mein Freund“, fing ich an und erklärte, was ich arbeitete und wo ich eigentlich herkam. Er schien beeindruckt und der Preis schnellte natürlich gleichzeitig in die Höhe. Nicht mit mir, dachte ich und machte mein Angebot von umgerechnet dreitausendfünfhundert Euro.

Der Mann am anderen Ende des Telefons diskutierte und diskutierte. Sein Vater sei kürzlich verstorben, er bräuchte Geld für die Beerdigung, seine Kinder hätten Hunger und seine Frau wäre krank. Ich blieb hart. Ich wusste genau, wie so etwas lief, und ließ mich nicht umstimmen. Nach einigem Hin und Her willigte Kenneth schließlich ein und ich freute mich sehr. Nun hatte ich ein Ziel, eine Aufgabe und einen Plan. Ein richtiges Haus sollte entstehen, mit mindestens sieben Zimmern und einem Garten. Möbel würde ich anfertigen lassen und einen Gärtner einstellen. Ja, ich würde mich im Amboseli-Gebiet niederlassen. Sobald alle Papiere für das Grundstück unterschrieben und genehmigt waren, würde ich mein Geld investieren und den Bau des Hauses akribisch überwachen. So sehr ich Kenia liebte, so sehr wusste ich doch auch, dass man strikte Anweisungen geben musste, um Erfolg zu haben. Fähige Bauarbeiter mussten gefunden werden und Rohstoffe herbeigeschafft. Nicht so einfach in Afrika, aber machbar. Mit Geld ging hier alles, man musste nur wissen, wie.

Vier Wochen nach diesem sehr erfreulichen Ereignis sprach mich Rosemary eines Tages schüchtern an: „Jürgen, ich weiß, dass du öfters an deinen freien Tagen Pirschfahrten machst, würdest du mich einmal mitnehmen? Ich habe noch nie eine klassische Safari gemacht“, sprach sie und wurde ganz verlegen dabei.

Da wohnen die Menschen nun mit und um die Wildtiere herum und trotzdem kennen sie die Weiten der Savannen nicht, dachte ich und freute mich gleichzeitig sehr darüber.

„Natürlich“, antwortete ich, „sehr gerne.“

Rosemary hatte jeden Montag und Dienstag frei, das wusste ich und plante erfreut eine ausgiebige Tour. Später wollte ich mit ihr nach Kimana fahren und ein kleines Picknick auf meinem Grundstück machen. Romantisch sollte es werden und ich hegte die Hoffnung, dass Rosemary und ich uns näherkommen würden. Ich konnte kaum glauben, dass ich nun endlich eine Chance bekam, und irgendwie hatte ich den Eindruck, dass ich ihr auf eine besondere Art und Weise gefiel.

Sehr aufgeregt starteten wir gemeinsam zur Pirschfahrt am Tage unserer Verabredung. Ich hatte ihr entgegengefiebert und mein bestes Safarihemd angezogen, selbst mein Lieblingsparfüm durfte nicht fehlen. Herb und männlich. Diesmal wollte ich selber fahren, hatte ich doch die Erlaubnis von meinem Chef für den Jeep bekommen. Meinen Führerschein hatte ich schon vor einiger Zeit in Kenia anpassen lassen und Probefahrten unternommen. Schließlich herrschte hier auf den Straßen Linksverkehr. Ich kam damit gut zurecht, denn ich war schon immer ein guter Fahrer. Es fiel nicht weiter auf, dass Rosemary und ich gemeinsam auf Tour gingen. Meine Vorgesetzten begrüßten mein Engagement, unseren Mitarbeitern ein Safarigefühl zu vermitteln, um die Touristen besser verstehen zu können. Zudem hatte Rosemary frei und ich holte sie in Kimana ab. Wie ich bereits vorausgeahnt hatte, wohnte sie in einer der einfachsten Unterkünfte des kleinen Ortes und sie war sehr beschämt, mir diese zu zeigen. Trat man ein, musste man sich etwas bücken, wenn man so groß war wie ich. Dunkelheit empfing mich. Zwei Räume, Wohn- und Schlafzimmer. Ihre Arbeitssachen waren ordentlich auf einer Leine aneinandergehängt neben dem einfachen Metallbett.

„Meine Eltern sind beide tot", erklärte sie mir. „Ich lebe hier bei meiner Tante Hellen und bin sehr froh über den Job in der AA-Lodge."

Ich wusste, was Einheimische dort verdienten, und mir war klar, dass sie sich nichts Besseres leisten konnte.

„Hast du kein Badezimmer?“, fragte ich sie.

„Nein, wir waschen uns draußen. Wir sind es nicht anders gewohnt“, antwortete sie mir schüchtern und etwas verlegen. Ich betrachtete gerade das große Jesuskreuz an ihrer Wand, als mir wieder einfiel, wie gläubig sie war.

So sagte ich zu ihr: „Mit Gottes Hilfe wirst du eines Tages besser leben.“ Sie lächelte und nickte.

Rosemary und ich verlebten einen wunderbaren Tag. Mein Picknick war ein voller Erfolg und sie war von meinem Grundstück begeistert. Gemeinsam träumten wir davon, was hier alles machbar wäre. Ich hatte mich verliebt in diese wunderschöne Frau und hatte den Eindruck, sie sich auch in mich.

Ich gab wirklich mein Bestes, sie zu beeindrucken, zeigte mich von meiner besten Seite und himmelte sie fortwährend an. Rosemary öffnete sich mir gegenüber immer mehr und wir verstanden uns plötzlich ohne Worte. Es hatte sich etwas verändert. Wir waren ein heimliches Liebespaar geworden. Verstohlen und ohne großes Aufsehen berührten wir uns, wenn wir im Job miteinander sprachen oder lächelten uns an. Mehr lief nicht. Ich gab Rosemary alle Zeit der Welt. Sie war etwas Besonderes.

Nun war ich schon einige Zeit in der AA-Lodge und mein Vertrag wurde über das Jahr hinaus weiter verlängert. Ich arbeitete mit großer Leidenschaft. Wenn es mal wieder besonders stressig wurde, fühlte ich mich etwas unwohl. Atemnot und Kurzatmigkeit begleiteten meinen Alltag. Ansonsten hatte ich keine Beschwerden. Mein schlechtes Gewissen meldete sich, denn ich nahm keine Medikamente mehr für mein Herz und war auch in Kenia nie beim Arzt gewesen. Alle Tabletten, die ich damals in Deutschland von den Ärzten bekommen hatte, waren mittlerweile verbraucht und ich hatte mich nicht um neue bemüht. Zudem fehlte mir in Afrika eine Krankenversicherung. Ich müsste meine Arztbesuche aus eigener Tasche zahlen. So verdrängte ich meine Beschwerden, bis ich es nicht mehr ignorieren konnte. Die Atemnot wurde immer schlimmer, ich bekam Panikattacken und rang hektisch nach Luft. Rosemary machte sich große Sorgen um mich und versuchte, mich mit afrikanischen Kräutern zu heilen. Leider vergebens. So fuhr ich an einem meiner freien Tage nach Nairobi in das Krankenhaus. Ich wusste, dort praktizierten vorwiegend indische Ärzte mit hervorragenden Fachkenntnissen und ich versprach mir eine Besserung meiner Beschwerden. Ich ließ einschlägige Untersuchungen durchführen und wies die Doktoren auf mein Herzproblem hin. Das Ergebnis war niederschmetternd. Der behandelnde Arzt sah besorgt aus, als er mit den Untersuchungsergebnissen ins Behandlungszimmer trat und mich ernst anschaute.

„Herr Schönburg, wir müssen Ihnen leider mitteilen, dass Ihre Herzleistung nur noch dreißig Prozent beträgt und Ihr Aneurysma um das Siebenfache erweitert ist. Sie benötigen dringend eine Herzoperation, denn Ihr Aneurysma steht kurz vor dem Platzen. Das nennt man auch Sekundentod."

Was zum Teufel war ein Aneurysma? Ich merkte, wie mein Herz anfing zu rasen, und mir wurde ganz schwindelig vor Aufregung, als er mir erklärte, dass es sich um die Aufweitung meiner Herzwand handelte.

Der Arzt fuhr nun fort: „Wir können die gefährliche und schwere Operation am offenen Herzen hier nicht durchführen. Sie müssen zurück nach Deutschland." Ich sah den Arzt verzweifelt an und fragte mich, wie viel Zeit mir dazu noch bleiben würde. „Es ist fünf vor zwölf", hörte ich ihn wie durch eine Nebelwand sprechen. Ich war schockiert und brachte kein Wort heraus. In mir drehte sich alles. „Ich empfehle Ihnen, sich so schnell wie möglich mit einer Herzklinik in Deutschland in Verbindung zu setzen und die Operation zu veranlassen", hörte ich ihn noch sagen. Ich stand auf und der Arzt reichte mir alle Unterlagen. Meine Hände zitterten, als ich sie entgegennahm.

Ich hatte Todesängste und meine Gedanken überschlugen sich. Ich war aus Deutschland geflüchtet und wusste nicht, was mich bei einer Rückkehr erwartete. Zudem fehlte mir eine deutsche Krankenversicherung. Ich muss Wolfgang anrufen, schoss es mir durch den Kopf. Mein Freund sollte mich beruhigen, ich musste mit ihm die nächsten Schritte besprechen. Ich fuhr wie in Trance zurück zur AA-Lodge und mein erster Weg führte mich zu Rosemary. „Ich muss einige Zeit weg“, erklärte ich ihr ohne Umschweife und erzählte ihr, was sich zugetragen hatte. Sie war sehr beunruhigt und den Tränen nahe. Ich drückte sie kurz an mich. „Lass mich mit meinem Freund Wolfgang sprechen“, rief ich ihr zu und verschwand dann in meiner Unterkunft.

Ich überschlug hastig meine Finanzen. Ich hatte für kenianische Verhältnisse ein Vermögen, jedoch nicht für deutsche. Zudem hatte ich mein Grundstück schon bezahlt und das Flugticket nach Frankfurt musste auch irgendwie finanziert werden. Mir war klar, dass ich eine Operation aus eigener Tasche nie bezahlen könnte und die Sorge um mich und meine Situation machte mich schier wahnsinnig. Zudem war die Zeit gegen mich.

Ich rief Wolfgang an. Lange hatte ich meinen Freund nicht gesprochen und schämte mich sehr dafür. Aber Wolfgang war wie immer ein loyaler Freund, der sehr erschrocken über die schlechten Neuigkeiten war, die ich atemlos hervorstieß.

„Ich buche dir von Deutschland aus einen Flug von Nairobi nach Frankfurt“, versuchte er, der Situation Herr zu werden. Du kannst mir das Geld später geben. Dann kommst du zu mir und wohnst erst mal hier. Wir suchen eine Klinik, ich mache mich jetzt schon kundig."

„Wolfgang?" Ich wurde auf einmal sehr kleinlaut. „Ich habe nicht viel Geld und keine Krankenversicherung. Wir müssen das irgendwie lösen." Wolfgang schnaubte und wurde mit einem Mal ganz ruhig.

„Jürgen, wir schaffen das – ich bin für dich da".

Wohl dem, der solche Freunde hat.

7) Der Atem des Todes

Frankfurt am Main empfing mich im August 2016 mit Sonne und fünfundzwanzig Grad. Ich hatte jedoch keinen Blick dafür. Die Ärzte in Kenia waren besorgt gewesen, der Luftdruck im Flugzeug wäre zu hoch. Aber ich hatte keine Wahl. Es war alles gut gegangen, noch war ich am Leben. Wolfgang umarmte mich stürmisch am Flughafen.

„Mensch, was machst du nur für Sachen?“ Er klopfte mir freundschaftlich auf den Rücken. „Willkommen zu Hause!“ Ich sah meinen alten Freund an. Er hatte Ränder unter den Augen, sein Gang war etwas gebeugt, nicht mehr jung und dynamisch wie früher. Ja, die Zeit nagte an uns allen.

„Wie geht es dir?“, fing ich das Gespräch an.

„Ach, wie soll es schon gehen, ich bin gesundheitlich etwas angeschlagen, habe oft Kopfschmerzen und fühle mich ausgepowert. Die Arbeit zehrt an mir, aber man muss ja Geld verdienen. Es geht halt alles nicht mehr so leicht von der Hand mit meinen dreiundsechzig Jahren.“

Wir stiegen in sein Auto und Wolfgang führte das Gespräch fort. „Morgen meldest du dich gleich bei meiner Adresse an, du wohnst selbstverständlich bei mir.“

Ich nickte erleichtert. Meine Ex-Frau Annette hatte für mich bereits die Kerckhoff-Klinik in Bad

Nauheim ausfindig gemacht und meinen Fall vorgetragen. Mein Termin dort war in zwei Tagen. Die Klinik war bekannt für ihre fähigen Herzspezialisten und die brauchte ich jetzt dringend. Ich hatte alle Unterlagen aus Kenia mitgebracht. Meine Herzleistung betrug nach wie vor nur noch dreißig Prozent und ich befand mich in einem Wettlauf mit der Zeit. Kurz dachte ich über meine Altlasten nach und wie ich Deutschland verlassen hatte. Würden jetzt alle Gläubiger auf mich zukommen? Ich hatte Angst, aber mehr noch um mein Leben und um mein schwaches Herz. Die Scheine in meiner Tasche waren übersichtlich. Zudem hatte ich Rosemary eine ansehnliche Summe gegeben, bevor ich mich von ihr verabschiedet hatte. Was übrig blieb, reichte gerade, um Wolfgang das Geld für das Flugticket zurückzugeben. Besorgt schaute ich meinen besten Freund von der Seite an. Ich war froh, dass er und ich alleine bei ihm zu Hause wohnten. Wolfgang hatte sich schon vor Jahren von seiner Frau getrennt. Vielleicht war es der unerfüllte Kinderwunsch gewesen, vielleicht weil beide so jung geheiratet hatten. Genau wusste ich es nicht, aber Wolfgang war nun ein eingefleischter Junggeselle und das tat mir in dieser Situation einfach gut.

„Wir schaffen das, Jürgen“, holte mich Wolfgang aus meinen Gedanken, als wir bei ihm die Auffahrt hochfuhren. „Ich habe schon eine Art Petition gestartet, Flyer anfertigen lassen und im Bekannten- und Freundeskreis deine Geschichte erzählt.“

„Du hast was?“, fragte ich Wolfgang ungläubig.

„Ja“, antwortete er. „Deine Operation wird eine Menge Geld kosten und du musst sicher einiges vorweisen können. Es ist besser, wir sammeln schnell einen gewissen Betrag zusammen. Im Internet habe ich auch schon eine Website für dich eingerichtet.“ Wolfgang wirkte aufgeregt. Mein alter Freund! Wie liebte ich ihn!

„Danke, Wolfgang“, brachte ich gerührt hervor und Tränen schossen mir dabei in die Augen. Es war mittlerweile ungewohnt, wieder im Spessart zu sein, und ein Heimatgefühl wollte sich nicht einstellen. Kenia war nun mein Zuhause geworden. Ich dachte an die Weiten der Savannengebiete, an Rosemary und an meine Freunde dort. Gequält schloss ich für einen Moment die Augen. Würde ich dies je alles wiedersehen dürfen?

Wolfgangs Heim war so, wie ich es in Erinnerung hatte, nur weniger aufgeräumt. Eine Frauenhand fehlte.

„Setz dich“, forderte Wolfgang mich auf. „Bist du müde? Möchtest du dich hinlegen?“

„Nein, nein, es ist alles gut“, antwortete ich und setzte mich auf die Couch. Ich wollte noch heute mit meiner Krankenkasse telefonieren, die ich vor meinem Keniaaufenthalt hatte, und es war bereits später

Nachmittag. Ich fragte also Wolfgang, ob ich telefonieren dürfte, und legte mir alle Unterlagen bereit. Gott sei Dank ging noch jemand ans Telefon. Ich sprach über eine Stunde lang mit einer Sachbearbeiterin. Sie nahm meine aktuellen Daten auf und beriet mich ausführlich. Zunächst müsse ich mich privat bei jener Krankenkasse versichern. Natürlich ginge das alles erst ab morgen, wenn ich eine Meldeadresse vorweisen könne.

„Laut Gesetz müsste unsere Krankenkasse die Operation übernehmen, Herr Schönburg, aber wir müssen das natürlich noch einmal genau prüfen“, lautete einer ihrer letzten Aussagen.

Ich seufzte erleichtert. Allerdings hatte ich einen gewissen Anteil zu tragen. Wie hoch der war, wusste natürlich noch niemand. Ich war sehr froh über alle Informationen und atmete hörbar aus.

Morgen gab es viel zu erledigen, besser, ich legte mich etwas hin. Wolfgang hatte extra zwei Wochen Urlaub genommen und stand mir zur Seite. Er war eine große emotionale Stütze für mich und wollte mich bei allen Behördengängen begleiten.

Am nächsten Tag erledigte ich meinen Gang zur Meldebehörde bereits um neun Uhr am Morgen. Ich hatte ganz gut geschlafen und fühlte mich den Umständen entsprechend gut.

„Wir müssen dir ein Konto einrichten“, sagte Wolfgang. „Ein Konto, wo wir Geld für dich sammeln können. Gleich heute Nachmittag werde ich

Bekannte und Verwandte von dir besuchen und um Geld bitten." Wolfgang war eifrig bei der Sache und hochrot im Gesicht. Ich schämte mich etwas. Meine Verwandten hatte ich ohne Verabschiedung verlassen, kein Wort war damals von mir gekommen. Nun würde Wolfgang vor deren Türen stehen und betteln. Mir war das sehr unangenehm. Zunächst aber bereitete ich mich in Wolfgangs Wohnung auf meinen Termin in der Kerckhoff-Klinik vor. Ich hoffte, die Ärzte würden schnell agieren. Um elf Uhr am nächsten Morgen war ich bestellt. Ich sollte bei einem Herrn Professor Doktor Lauterbach vorsprechen.

Es war bereits später Nachmittag, als ich mit dem Sortieren meiner Unterlagen aus Kenia fertig war. Wolfgang war immer noch nicht von seiner Tour zurück. Was wohl die Leute sagen würden, wenn er einfach so mit der Tür in das Haus fiel?

„Guten Tag, es geht um Jürgen, macht mal bitte ein paar Hunderter locker."

Ich spürte, wie ich bei der Vorstellung rot wurde. Gegen zwanzig Uhr kam Wolfgang endlich zur Tür herein, völlig erledigt und wieder hochrot im Gesicht. Er ließ sich auf die Couch fallen.

„Mensch, Jürgen, das war eine Tortur. Die Hälfte habe ich nicht angetroffen und diejenigen, mit denen ich sprach, reagierten verhalten. Ich habe gerade mal insgesamt zweihundert Euro eingesammelt." Er sah geschafft und müde aus.

„Danke dir von Herzen“, sagte ich beschämt. „Nun ruh dich erst einmal aus.“

Mein Freund sprang jedoch von der Couch und rannte zur Tür. „Ich werde noch eine Runde drehen und die gedruckten Flyer in der Nachbarschaft verteilen. Vielleicht haben wir ja Glück.“

Schon war er draußen im Dunkeln verschwunden und ich legte mich schlafen.

„Darf ich mich vorstellen? Professor Doktor Lauterbach mein Name.“

Ich schüttelte dem Herrn die Hand. Er hatte schütteres Haar und trug eine Brille, lächelte freundlich und wies mich an, Platz zu nehmen. Wolfgang hatte mich nach Bad Nauheim gefahren und wartete im Auto auf meine Rückkehr.

„Vielen Dank“, nahm ich das Gespräch nun auf und schaute dem Doktor in die Augen. Wir besprachen uns zwei Stunden lang und ich merkte nicht, wie die Zeit verflog. Der Arzt las sich alle meine Befunde aus Kenia durch.

„Herr Schönburg, zunächst einmal werden wir noch diese Woche alle Untersuchungen an Ihnen wiederholen und Sie genau durchchecken. Ich plane Sie bereits Anfang nächster Woche zur Operation ein. Sollten unsere Untersuchungen das gleiche Ergebnis aufweisen, ist Eile geboten. Bitte halten Sie sich für einen Aufenthalt ab übermorgen in unserer Klinik bereit.“

Ich verabschiedete mich und fühlte unendliche Erleichterung in mir aufsteigen. Natürlich hatte ich große Angst vor der Operation, es konnte eine Menge schief gehen. Aber ich wollte leben, atmen, frei und glücklich sein!

Zusammen mit Wolfgang fuhr ich zurück in den Spessart, um mich auf den Krankenhausaufenthalt vorzubereiten. Ich hatte wenige Sachen aus Kenia mitgebracht. Ein paar T-Shirts und kurze Hosen. Ich besaß weder einen Bademantel noch Hausschuhe. Meine Kosmetika ließen ebenfalls zu wünschen übrig. Ich würde Deodorant, Zahncreme und einen neuen Kamm brauchen.

Da wir noch einen Tag zur Verfügung hatten, beschloss Wolfgang, am nächsten Morgen zur örtlichen Sparkasse zu fahren, um ein Konto für mich einzurichten. Mein bester Freund träumte davon, dass hier hohe Beträge für meine Operation eingehen sollten. Nur von wem? Ich war sicher, das würde niemals Realität werden. Aber ich wollte ihm die Illusionen nicht nehmen und so parkten wir direkt vor der Sparkasse und Wolfgang wartete wieder im Auto auf mich. Es war ziemlich heiß heute, für deutsche Wetterverhältnisse sind dreißig Grad sehr viel. Da ich es gewöhnt war, schwitzte ich nur mäßig. Wolfgang hatte auf der Fahrt hierher über die Hitze gestöhnt. Ihn nahm die ganze Sache sehr mit. Er war quasi im Dauerstress, um für mich und mein Wohl zu kämpfen. Heute Abend würden wir ein letztes ordentliches Bier zusammen trinken, bevor es morgen für mich in die Klinik ging. Ich betrat die Sparkasse und alles klappte auf Anhieb wunschgemäß. Bereits nach vierzig Minuten war ich wieder draußen. Ich war nun Besitzer eines deutschen Kontos ohne Guthaben darauf!

Ich trat ins Freie und sah in Richtung unseres parkenden Autos. Die Sonne blendete mich, ich hob meine Hand zum Schutz vor die Augen. Dort, wo Wolfgangs Wagen stand, befand sich eine Menschentraube. Ich stutzte. Was war da los? Zügig ging ich zu den Leuten und schob mich hindurch und nach vorne. Da sah ich ihn! Mein Freund lag vor mir auf dem Boden und bewegte sich nicht mehr!

„Wolfgang!", schrie ich und beugte mich über ihn. Schon hörte ich die Sirenen eines Krankenwagens, der kurz darauf mit quietschenden Reifen vor uns hielt, und wie jemand rief: „Platz machen, bitte." Für mich lief dieser Horror wie in Zeitlupe ab. Ich stand, unfähig mich zu bewegen, regungslos da und ließ geschehen, dass die Sanitäter Wiederbelebungsmaßnahmen an Wolfgang ausübten. Ich sah, wie er auf eine Trage gehoben wurde. Sah, wie sie ihn in den Krankenwagen schoben und die Türen schlossen. Hörte Menschen um mich sagen, dass der Mann vor seinem Auto zusammengebrochen sei. Einfach so. Und dass man die schnelle medizinische Hilfe gerufen hätte, es aber nicht gut aussähe.

Ich stand einfach da und ließ das alles geschehen, ohne mich zu bewegen. Meine Welt stand für einen Moment still.

Als ich endlich wieder Leben in meinen Gliedern spürte, öffneten sich die Türen des Krankenwagens erneut und ein Sanitäter stieg aus. Ich berührte ihn hektisch am Arm. „Bitte sagen Sie mir, was mit meinem Freund los ist! Ich heiße Jürgen Schönburg und bin mit ihm hierhergekommen!“

Der Sanitäter schaute mich bedauernd an und dann sprach er langsam die Worte, die ich nicht für möglich gehalten hätte. „Ihr Freund hat einen Herzstillstand erlitten. Alle Wiederbelebungsmaßnahmen sind gescheitert. Ich bedauere, Ihnen mitteilen zu müssen, dass er soeben verstorben ist.“

Der Satz des Mannes hallte auf dem Parkplatz nach. Dennoch brauchte er eine gefühlte Ewigkeit, um bei mir anzukommen. Ich hörte das Blut in meinen Adern rauschen und wie mein Herz heftig gegen die Brust schlug. Was hatte er gesagt? Wolfgang war tot? Mein Adrenalinschub ließ plötzlich nach und wich einem Schock. Ich suchte mir eine Sitzgelegenheit und hörte den Sanitäter fragen: „Möchten Sie Wasser trinken, kann ich etwas für Sie tun?“ Stumm schüttelte ich den Kopf. Meine Wahrnehmungsfähigkeit schien mir einen Streich zu spielen, denn eine schmerzhafte Leere breitete sich in mir aus.

Doch dann kam langsam die Erinnerung zurück. Morgen sollte ich ins Krankenhaus. Während Wolfgang gestorben war. Einfach so, in Sekunden! Die innere Verbundenheit zu meinem Freund vor Augen, wusste ich, ich würde ihm die letzte Ehre nicht erweisen können oder seinen Verwandten Trost spenden dürfen. Alles in mir sträubte sich dagegen. Aber er hätte gewollt, dass ich mein Leben rette. Ja, das hatte er gewollt.

„Herr Schönburg? Herr Schönburg? Sind Sie aufnahmefähig?“ Eine Krankenschwester beugte sich über mich. „Ich setze Ihnen jetzt die Spritze und gleich schlafen Sie wie ein Baby.“ Sie lachte.

Ich war in der Kerckhoff-Klinik und kurz vor meiner Operation am offenen Herzen. Auch mit der Krankenkasse war alles geklärt und diese hatte sich direkt an die Klinik gewandt, ich war dabei außen vor geblieben. Alles lief gut für mich und nun wollte ich nur noch schlafen. Schlafen war eine gute Sache! Die letzten Tage einfach vergessen. Müde schloss ich meine Augen. Die Ärzte hatten mich gut vorbereitet. Fast wie betäubt hatte ich die Untersuchungen an mir durchführen lassen, hatte dem Ergebnis zugehört, den Operationstermin wahrgenommen. Alles war genauso wie in Kenia bestätigt und nun lag ich hier und sollte gleich einschlafen. Professor Doktor Lauterbach hatte mir erklärt, was jetzt auf mich zukam. Nach der Vollnarkose würde der Chirurg den Brustkorb mittels präzisen Schnittes entlang des Brustbeins öffnen. So hat er direkten Zugang zum Herzen. Ich würde an die Herz-Lungen-Maschine angeschlossen werden. Sie halte den gesamten Blutkreislauf aufrecht. Dann operiere der Chirurg und verbinde anschließend mein Herz wieder mit meinem Körper. So weit hatte ich alles verstanden. Im Hinterkopf quälte mich der Gedanke an Wolfgangs Tod. Ich konnte es immer noch nicht glauben. Um mich herum starben die Menschen und ich war ständig verdammt, ihnen dabei zuzusehen. Wie viel Elend und Leid ertrug ich noch?

Die Narkose fing an zu wirken und ich dämmerte endlich erlöst ein.

Vier Stunden später wachte ich langsam wieder auf. Ich wusste im ersten Moment nicht, wo ich mich befand, und war dankbar für meinen Zustand. Ich döste vor mich hin und sammelte meine Kräfte.

Es folgte eine Woche Intensivstation, da meine Sauerstoffsättigung sehr niedrig war. Weitere drei Wochen lag ich anschließend auf Normalstation im Krankenhaus. Ich schlief, lag ausschließlich auf dem Rücken im Bett und zog mich unterstützend an einer Handschlaufe hoch, wenn ich auf Toilette musste. Die Ärzte waren mit dem Verlauf meiner Genesung vollauf zufrieden. Täglich kam die Visite und lobte mich für meine Fortschritte und meine Werte. Ich hatte es geschafft und war tatsächlich noch am Leben! Die Freude darüber war natürlich groß, aber genauso die Trauer um meinen besten Freund. Ich hatte verdammt viel Zeit im Krankenhaus, über ihn nachzudenken, ihn zu vermissen und mit ihm zu sprechen. In meinen Gedanken richtete ich das Wort an ihn. Wolfgang, warum nur bist du tot? Er war mitten aus dem Leben gerissen worden. Hatte nie jemandem etwas angetan. Ein warmherziger und guter Mensch. Wie konnte Gott das nur zulassen? Ich sann über den Sinn des Lebens nach und wurde dabei ziemlich spirituell. Es musste mein schlechtes Karma sein, Dinge, die ich im Leben getan hatte, es kommt alles auf einen zurück. Nun war es so weit. Das Karma hatte mich eingeholt. Thomas, Marie, Wolfgang. Ich zweifelte an meinem Verstand. So viele Todesfälle in meinem direkten Umfeld. Wieso nur? Warum war ich noch am Leben? Hatte ich noch eine Aufgabe zu erfüllen? Sah Gott mich noch für irgendetwas vor? Ich flehte um Antworten, erhielt aber keine. Ich würde für alle Lieben weiterleben, würde Gutes tun, das nahm ich mir vor.

Nach den schier endlosen Wochen im Krankenbett ging es für mich sofort in die Rehabilitationsklinik nach Bad Orb. Hier sollte ich sechs Wochen bleiben und meine körperliche und mentale Leistungsfähigkeit steigern. Moderne Medizin und Therapie verbanden sich hier sogar mit einem Hauch von Exklusivität, denn ich fand mich in einem Superior-Zimmer wieder. Mit allen Annehmlichkeiten, die ich zwar benötigte, aber nicht gewohnt war. Der einzige Besucher, den ich hier hatte, war meine Ex-Frau Annette. Wir hatten ein freundschaftliches Verhältnis und sie besuchte mich ab und zu. Bei langen Spaziergängen erzählte ich ihr viel von Afrika.

„Du fieberst darauf hin, zurückzukehren oder?“, fragte sie mich bei einem dieser Gespräche.

Natürlich hatte ich das vor. Nur wusste ich nicht, wie ich mein Flugticket nach Kenia bezahlen sollte. Mein Geld war verbraucht und die Operation hatte sechsundsiebzigtausend Euro gekostet. Die Krankenkasse verlangte von mir knapp achttausend Euro an Eigenleistung. Wieder hatte ich Schulden und wusste nicht, wie ich sie abtragen sollte! Annette war mir in dieser Zeit eine wertvolle Stütze. Sie brachte mich auf die Idee, Frührente zu beantragen und so einen Teil meiner Schulden zu begleichen.

„Ich helfe dir, Jürgen“, sagte sie bei einem ihrer erneuten Besuche in Bad Orb. „Wir müssen deine Unterlagen zusammentragen und mit deiner schlimmen Erkrankung kannst du sicher schon vorzeitig Rentengeld erhalten. Viel wird es nicht sein, aber immerhin.“

Ich wunderte mich, dass ich nicht selbst auf die Idee gekommen war. Das schien der Ausweg! Licht am Ende des Tunnels! Ich würde monatlich einen gewissen Betrag erhalten, der mich retten würde. Mit der Krankenkasse konnte man sicherlich sprechen, ob Ratenzahlungen möglich wären. Eine neue

Möglichkeit tat sich vor mir auf und ließ die Sonne wieder etwas in mein Herz, das seit Wolfgangs Tod in dunkler Trauer lag.

Nach Bad Orb zog ich bei Annette ein. Sie hatte es mir angeboten und ich war ihr unendlich dankbar. Gemeinsam wühlten wir uns durch meine Arbeitspapiere für die Rente, beantragten neue oder kopierten verbliebene Bescheide aus meinem vergangenen Arbeitsleben. Eine herausforderungsvolle Sache, die mich manchmal verzweifeln ließ. Aber schlussendlich schafften wir es und der Rentenantrag lag im Briefkasten. Nun hatten Annette und ich Zeit, um uns endlich einmal wieder über unsere Leben zu unterhalten, und darüber, wie unterschiedlich die seit dem Tod von Thomas verlaufen waren, was wir dabei fühlten und dachten. Annette hatte nie wieder geheiratet, lebte alleine und war durch den Tod unseres Sohnes immer noch traumatisiert. Sie ging regelmäßig zum Psychotherapeuten. Auch Annette hatte das Alter nicht verschont. Früher eine attraktive junge und lustige Frau wirkte sie nun erdrückt vom Leben. Sie lachte wenig und sprach sehr ernst. Ihre gute Seele jedoch hatte sie behalten und so war ich nicht sehr überrascht, als sie mir das Geld für den Rückflug nach Kenia anbot.

„Jürgen, du gehörst nach Afrika“, sagte sie mir immer wieder. „Du wirst hier nicht glücklich. Geh deinen Weg.“

Ach, sie hatte so recht. Sobald die Sache mit der Rente geklärt war, wollte ich zurück nach Kenia. Wie es wohl Rosemary ging? Ich hatte ein paarmal versucht, sie zu erreichen, als ich in Bad Orb war. Aber die Verbindung war sehr schlecht und ich verstand wenig. Ich vermisste sie und freute mich auf ein baldiges Wiedersehen!

Als es schließlich November wurde, ging mein Traum endlich in Erfüllung. Die Rente war geklärt, die Krankenkasse bekam ihren Anteil und ich buchte ein Flugticket nach Nairobi. Von dort aus wollte ich direkt in die AA-Lodge fahren. Ich hoffte, meinen Job wieder aufnehmen zu können, auch wenn ich sehr lange weg gewesen war. Ich verabschiedete mich von Annette, dankte ihr für alles und stieg voller Vorfreude in das Flugzeug nach Afrika. Ich hatte eine Menge Medikamente mit an Bord. Ich musste nun täglich neun verschiedene Präparate zu mir nehmen, die mein Herz schonten. In der Klinik hatten mir die Ärzte genaue Anweisungen gegeben, wie ich diese Medikamente auch in Afrika besorgen könnte. Sie hießen dort anders, waren aber die gleichen.

Eine dazugehörige Liste hatte ich bei mir und würde in Kenia nun Uperio, Spirolon, Ascard, Bisoprolol und weitere besorgen müssen. Ich war gut vorbereitet und fühlte mich auch besser. Ein neues Leben war mir geschenkt worden und dieses wollte ich nutzen.

Acht Stunden später empfing mich Nairobi mit Regen und vierundzwanzig Grad. Ich liebte es! Die warmen Niederschläge machten mir nicht aus, ganz im Gegenteil, ich hätte darin tanzen können vor Freude! Ich war wieder daheim.

Nun hatte ich einige Stunden Fahrt vor mir, bevor ich endlich Rosemary wiedersehen würde. Doch als ich endlich in der AA-Lodge ankam, trübte meine Freude, Rosemary zu sehen, ein ernstes Gespräch mit dem Lodge-Manager. Die Chinesen hatten mich mittlerweile ausgetauscht. Ein Landsmann von ihnen machte nun meine Arbeit und ich stand ohne Job da. Wie sollte es nun weitergehen? Ohne Arbeitsgenehmigung hatte ich genau drei Monate Zeit, bis ich das Land wieder verlassen musste. Die Probleme schienen mich schon wieder zu erdrücken, kaum dass ich angekommen war. Dafür sah meine Freundin frisch und munter aus, als sie mich an der Rezeption begrüßte. Ihre ehrliche Freude, mich zu sehen, bestärkte mich. Ich musste nun um meinen Aufenthalt in Kenia kämpfen.

Zunächst brachte ich mein Gepäck nach Kimana in Rosemarys Heim. Dort würde ich ein paar Tage wohnen müssen. Ich hatte mich mittlerweile an Armut gewöhnt, mir machte es nichts aus, in der einfachen Unterkunft zu schlafen. Zudem machte Rosemary mir ein großes Geschenk. Sie hatte mein Geld, welches ich ihr vor meiner Abreise gegeben hatte, nicht angerührt. Ich kannte keine Kenianerin, die das gemacht hätte. Ich wusste nun, dass sie mich liebte, und das war ein gutes Gefühl.

Mit dem Geld würde ich einen Neustart versuchen. Aber egal, was ich die nächsten Wochen auch tat und wo ich fragte, niemand konnte mir eine neue Arbeit vermitteln. Es war zum Verzweifeln. Ich fuhr sogar nach Mombasa und fragte in den Hotels an Nord- und Südküste nach, aber ich hatte kein Glück. Mit Rosemary war ich inzwischen fest liiert und glücklich. Nur die Zeit saß mir im Nacken. Zurück nach Deutschland wollte ich in keinem Fall. Ich könnte nur bleiben, wenn ich eine Arbeit hätte oder verheiratet wäre. Rosemary war definitiv eine Frau zum Heiraten. Ich nahm mir vor, noch am gleichen Tag mit ihr darüber zu sprechen. Sie war begeistert von dieser Idee, auch weil es für sie finanzielle Sicherheit bedeutete. Nie hätte ich gedacht, dass sie mit mir ihr Leben verbringen wollte. Sie war eine so besondere Frau, sodass ich voller Stolz unsere kurzfristig anberaumte Hochzeit plante. Geld besaßen wir wenig und eine Feier konnten wir uns daher nicht leisten. Es war uns egal. Hauptsache, ich konnte bleiben.

Ich sprach mit dem „District Commissioner“ in Loitokitok; einer größeren Stadt etwa dreizehn Kilometer von unserem Dorf in Kimana entfernt. Wir mussten schnell handeln, ich hatte keine Zeit mehr. Wir suchten uns schnell zwei Trauzeugen und schon ging es los. Unsere selbst geschriebenen Eheversprechen zeugten von einer tiefen Verbundenheit und als wir uns diese gegenseitig vortrugen, hatte ich Tränen in den Augen.

Ich versprach Rosemary, für den Rest meines Lebens für sie zu sorgen. Trotz der Umstände war die Trauung selbst ein schöner Moment, denn ich liebte Rosemary sehr. Von nun an hatte ich endlich einen „Dependent Pass“ – einen Aufenthalt für immer! Wir waren sehr erleichtert und glücklich. Gemeinsam würden wir von nun an alles schaffen und neu anfangen!

Und so war es auch. Ich bekam über glückliche Umstände und Mundpropaganda zwei Wochen später eine Arbeit angeboten! Ich sollte die Bahari Dhow Beach Villas an der Südküste auf Vordermann bringen. Diese lagen am feinsandigen Diani Beach, unweit von Mombasa. In der Unterbringung standen den Gästen vierundzwanzig Villen zur Auswahl, ein tropischer Garten sowie ein Kinderspielplatz und eine kleine Diskothek. Die idyllische Anlage war etwas Besonderes für Individualisten, die keinen Massentourismus wollten. Dort sollte ich von nun an als Hotelmanager arbeiten. Das hieß, dass Rosemary und ich getrennt würden. Sie arbeitete immer noch in der AA-Lodge und ich ab sofort knapp vierhundert Kilometer weiter an der Küste. Meine Frau hatte volles Verständnis und so verabschiedeten wir uns.

Ich stürzte mich voll in meine neue Arbeit. Es machte mir sehr viel Spaß und die Erfahrungen, die ich mitbrachte, kamen mir sehr zugute. Wenn ich einen Tag frei hatte, ging ich im Indischen Ozean schwimmen. Die Schönheit des Diani-Strandes mit seiner über zehn Kilometer langen Küste ist bekannt für gehobene Hotels und Ausgangspunkt vieler Safaritouren in die erlebnisreichen Nationalparks. Hier war ich richtig und ich wusste, ich würde viele wichtige Personen aus der Hotelbranche kennenlernen. Ich hoffte, dadurch nie wieder ohne Arbeit dazustehen.

Mein neuer Boss aus den Bahari Dhow Beach Villas hatte für mich wieder eine Arbeitsgenehmigung beantragt, da die alte Genehmigung nicht mehr galt und abgelaufen war. Allerdings mahlen die Mühlen in Kenia sehr langsam und so verging die Zeit.

Ich arbeitete nun schon einige Wochen in der Hotelanlage ohne gültige Papiere. Vergessen hatte ich das Ganze auch schon wieder, denn ich ging voll in meiner Arbeit auf. Ich liebte es, mit meinen Gästen zu sprechen, nach dem Rechten zu schauen, mir ihre Begeisterung über die Safari anzuhören und mein Team zur guten Arbeit anzuhalten. So war ich denn auch ganz erstaunt, als eines Tages die Ausländerbehörde bei uns auftauchte, um meine Papiere zu kontrollieren. Als Mzungu – weißer Mann – wurde man gerne penibel kontrolliert. Auch weil die Kenianer denken, bei den Weißen ist einiges an Geld zu holen.

Natürlich konnte ich meine gültigen Papiere nicht vorweisen und so wurde ich einfach mitgenommen.

„Kommen Sie bitte“, sagte der unsympathische Mann zu mir, der mich kontrolliert hatte. „Sie dürfen hier nicht arbeiten, wenn Sie keine Genehmigung haben. Das Ganze kostet Sie eine hohe Strafe“, blaffte er mich an.

Nun wurde ich ungehalten. „Es ist doch beantragt, guter Mann. Sie wissen selbst, wie es in Kenia läuft. Das dauert.“

Selbst mein kenianischer Boss, den ich eilig herbeiholte, konnte mich nicht aus den Klauen der Behörde befreien. Sie hatten sich festgebissen und wollten mich mitnehmen. Ich wurde immer wütender! Ich sah überhaupt nicht ein, eine Strafe zu zahlen. Ein handfester Streit entstand. Ich wurde dermaßen laut, dass die Polizei geholt wurde und nun auch noch im Hotel auftauchte.

„Ihre Ausweispapiere bitte. Wie lange arbeiten Sie bereits in den Bahari Dhow Beach Villas?“

Zum Verhör wurde ich nach Mtwapa gebracht, einem bekannten Ort in Mombasa, in dem auch das berüchtigte Gefängnis „Shimo La Tewa“ ist. Die werden mich doch nicht dorthin bringen?, dachte ich bei mir. Als der Polizeiwagen jedoch in die mir bekannte Straße einfuhr, bekam ich es mit der Angst zu tun. Jeder der an der Küste lebt, hat vom Shimo La Tewa gehört. Zellen mit zwanzig Personen in einem Raum, die Toilette war ein Loch im Boden. Ich fing an zu schwitzen. Sie brachten mich den weiten Weg hierher, um mich einzuschüchtern. Trotzdem hatte ich noch Wut im Bauch. Ich war nicht gewillt, Geld zu bezahlen.

Aber meine Ängste bestätigten sich leider. Ich kam tatsächlich in den Arrest, Gott sei Dank in eine Einzelzelle. Kenia war ein korruptes Land. Sie wollten ganze fünfzigtausend Schillinge von mir. Ein Vermögen für kenianische Verhältnisse! Da ich mich immer noch nicht abreagiert hatte, musste ich über Nacht bleiben. Man wollte mich kleinkriegen und ausnehmen! Die Arrestzelle war furchtbar dunkel und an den schimmligen Wänden klebten Exkremente meiner Vorgänger. Ich ekelte mich, hier holte ich mir womöglich noch den Tod! Ich begann darüber nachzudenken, die geforderte Summe zu zahlen. Auch hatte ich meine Herzmedikamente nicht dabei, ich musste schnell raus hier. Mein Magen knurrte. Gegessen hatte ich nichts, nie würde ich hier auch nur etwas anrühren. Ich klopfte schließlich an die Tür.

„Ich bin bereit für Verhandlungen“, sagte ich dem Wärter. Der ließ sich allerdings Zeit und ich schmorte noch bis zum späten Vormittag in meiner Zelle. Fliegen und Moskitos überall, ich wurde schier wahnsinnig. Endlich wurden die zuständigen

Polizeibeamten geholt und sofort begann erneut der Streit um das Geld.

Ich versuchte, die Summe zu drücken.

„Gebt euch doch mit Zwanzigtausend zufrieden“, rief ich immer wieder. Ich schwitze stark und stank vor Dreck. In der Nacht hatte ich zudem kein Auge zugemacht, aber zweifelte keine Minute daran, hier bald rauszukommen. Schließlich hatte ich niemanden umgebracht! Noch gab ich nicht klein bei, wollte die geforderte Summe nicht zahlen. Ich kannte das Spiel. Aber die Polizeibeamten blieben hart. Sie wussten, ich würde irgendwann aufgeben. Wahrscheinlich hatten sie meinen Fall nicht mal offiziell aufgenommen und teilten sich später untereinander die Beute! Schlussendlich, als es schon weit nach Mittag war und mein Magen mich umbrachte, willigte ich ein und wir fuhren gemeinsam zur Bank in Ukunda zurück, wo mein Geld lag. Da ich für mein Traumhaus in Kimana sparte, hatte ich dort mein Gehalt eingezahlt. Ich gab den Polizisten die geforderte Summe und war anschließend endlich frei!

8) Güte des Schicksals

„Ich bin schwanger!“ Rosemary saß in meinem Zimmer in den Bahari Dhow Beach Villas und strahlte vor Freude. Sie war zu mir geeilt, um mir die Neuigkeit persönlich zu überbringen. Mich überwältigte diese Nachricht. Es war einfach unfassbar! Ein Mann in meinem Alter, mit einem kranken Herz und meiner vergangenen schlechten Lebensweise, konnte noch ein Kind zeugen? Ich nahm Rosemary in meine Arme und küsste sie.

„Das ist die beste Nachricht seit Langem“, antwortete ich ihr und wirbelte sie vor lauter Freude im Zimmer herum. Ich wusste, dass meine Frau sich sehnlich ein Kind wünschte, ich hatte ihr aber nie viele Hoffnungen gemacht. Das Schicksal meinte es wohl gut mit uns. Ich hatte einen Sohn auf dramatische Weise verloren und jetzt bekam ich vielleicht eine neue Chance. Ich war selig.

„Du musst dich von nun an schonen, Rosemary.“ Ich sah meine Frau besorgt an und fragte mich, ob ihre Arbeit in der AA-Lodge noch das Richtige für sie war. Zudem musste ich dringend mit dem Bau meines Hauses in Kimana anfangen, wir brauchten ein schönes Heim.

„Ich kann noch einige Monate arbeiten“, beruhigte mich Rosemary. „Du weißt, wir brauchen das Geld.“ Sie hatte recht! Wir mussten beide sparen, wo es nur ging, wenn wir in naher Zukunft ein gutes Leben mit unserem Kind haben wollten.

„Ich kann heute nicht lange bleiben. In zwei Stunden kommt mein Bus nach Kimana“, holte mich Rosemary aus meinen Gedanken. Wir würden zukünftig noch mehr miteinander telefonieren. Ich wollte nun täglich wissen, wie es um sie und das Baby stand. Die nächsten Tage zerbrach ich mir den Kopf, wie ich Rosemarys Zukunft sichern konnte. Dann endlich hatte ich einen guten Plan. Wir würden neben unserem Haus eine Bäckerei bauen lassen, eine Arbeit für meine Frau und gutes Business für unsere Familie. In unserem Dorf gab es das noch nicht und wir würden großen Erfolg haben. Mit meinem Know-how und ihrem Fleiß schaffen wir es, da war ich mir sicher. Ich hatte den Beruf schließlich erlernt. Ich musste noch einige Zeit an der Küste bleiben und das Gehalt war nicht schlecht. In vier Wochen wollte ich jedoch unbezahlten Urlaub nehmen und zu Rosemary zurückkehren. Bis dahin mussten Bauarbeiter für mein Grundstück gefunden und Material für den Hausbau herangeschafft werden. Da in Kenia alles recht langsam ging, hatte ich vor, die Bauarbeiter mit zusätzlichen Prämien für schnelle Arbeit zu bezahlen. Ich kannte mittlerweile viele Kenianer, hatte ein gutes Netzwerk an Bekanntschaften und zudem noch Kontakt zu den Arbeitern der AA-Lodge, die damals an ihr gebaut hatten. Diese wollte ich für den

Hausbau engagieren. Ich hatte zukünftig eine Menge Telefonate zu führen!

Da ich mir selbst die Vier-Wochen-Frist gesetzt hatte, um nach Kimana zurückzukehren, befand ich mich in großem Stress. Es sollte alles fertig sein, bis unser Kind kam. Um das Mobiliar unseres neuen Heims machte ich mir keine Sorgen. In Kenia standen die fertigen Möbel an den Straßen. Geschnitzte und fertig montierte Betten, Tische, Stühle und Schränke aus Holz. Man brauchte nur mit einem Transporter vorzufahren und diese abzuholen.

Schwieriger wurde es, wenn ich an unsere Bäckerei dachte. Ich brauchte einen Ofen, Backformen und Auslageflächen aus Glas. Zudem Kühlmöglichkeiten und eine Kasse. Eben sämtliches Equipment. Ein schwieriges Unterfangen. Aber ich würde es lösen. Ich wusste, in Nairobi konnte man alles bekommen, selbst in Mombasa gab es City Malls mit allerlei Dingen aus Europa. Man musste nur das nötige Kleingeld haben.

„Hello, hello, is Richard there?“, brüllte ich am nächsten Tag in den Hörer. Die Verbindung war wieder einmal schlecht. Richard hatte unter anderem, zusammen mit Abraham, Allan, Jeremiah und John damals an der AA-Lodge gewerkelt. Immerhin war sie ein Glanzstück geworden, es waren fähige Leute. Ich weihte Richard in meine Pläne ein und bat ihn, die Jungs zusammenzutrommeln. Ich wollte sie alle für den Hausbau begeistern. Richard versprach, sich zu kümmern, und erleichtert legte ich auf. Morgen würde ich ihn wieder anrufen, nur keine Luft heranlassen. Ich überprüfte meine Finanzen. Bis jetzt hatte ich von dem Geld, welches ich in den Bahari Dhow Beach Villas verdient hatte, nichts angerührt. Kost und Logis waren für mich frei und außer den fünfzigtausend Schillingen für die Polizei im Shimo La Tewa Gefängnis befand sich alles noch auf meinem Konto. Zudem bekam ich monatlich meine Rente aus Deutschland. Nach allen Abzügen blieb mir bei dieser zwar nicht viel übrig, aber es reichte, um Anzahlungen für den Bau zu machen. Ich rechnete mit umgerechnet zwanzigtausend Euro für das komplette Haus nebst Bäckerei und Inventar. Für deutsche Verhältnisse waren das Peanuts, in Kenia ein Vermögen. Ich wollte natürlich ein solides Heim für uns schaffen, welches auch noch nach meinem Tod existierte, und brauchte daher auch gutes Baumaterial. Steine und Zement von bestmöglicher Qualität sollten es sein.

Beides hoffte ich, in Loitokitok zu bekommen. So plante ich und telefonierte herum. Mittlerweile hatten Richard und die Jungs erfreut zugestimmt, den Job anzunehmen. Arbeit hatten sie nämlich keine. Sie lebten zu Hause bei ihren Familien und betrieben ein wenig Landwirtschaft. Froh konnte derjenige sein, der eigene Hühner und ein kleines Stück

Land besaß. Rosemary war unterdessen nach Loitokitok gefahren und hatte, meinen Anweisungen folgend, einen ersten Lastwagen voller Steine bestellt. Zement war dort leider nicht zu haben, diesen bezog ich aber zu guter Letzt aus Nairobi.

Vier Wochen später kam ich endlich in Kimana an und es konnte losgehen. Ich besprach mich mit den Jungs, erstellte Pläne und erklärte meine Prämienauszahlung für einen schnell und gut geleisteten Job. Das wirkte. Die Jungs fingen sofort mit der Arbeit an und schwitzten in der Sonne. Kies, Wasser und Zement wurde gemischt und der Boden für das Fundament vorbereitet. Endlich! Ich hatte das Stück Land schon mehrere Jahre und nun ging mein Traum in Erfüllung. Jeden Tag konnte ich kleine Fortschritte sehen, bewirtete meine Jungs mit Tusker-Bier und Rosemary kochte für uns alle in ihrer Freizeit. Ihr ging es gut, die Schwangerschaft verlief bis jetzt unspektakulär. Eine kleine Wölbung an ihrem Bauch war bereits zu sehen. In Kenia ging man nicht oft zum Arzt, schon wegen der Kosten. So auch Rosemary. Bis jetzt war sie erst einmal in Nairobi im Krankenhaus gewesen, um sich die Schwangerschaft bestätigen zu lassen, ansonsten ließ man der Natur freien Lauf. Die afrikanischen Frauen wussten genau, wie sie sich bei einer Schwangerschaft verhalten mussten. Sie hatten für Krämpfe und andere Beschwerden schmerzstillende Heilkräuter und diese wirkten oft Wunder.

Rosemary machte nicht viel Aufhebens um ihren Zustand, sie arbeitete wie gewohnt weiter.

Es ging alles seinen Gang, bis ich Malaria bekam. Mich hatte diese schlimme Krankheit bis jetzt verschont, was einem Wunder gleichkam. Sicher mochten die Moskitos meinen Blutgeruch nicht, ich nahm ja eine Menge Medikamente für mein Herz. Anders konnte ich es mir nicht erklären. Nun hatte eines dieser infizierten Tierchen den Weg in meine Blutbahn gefunden. Ich lag in Rosemarys Heim im Schlafzimmer und krümmte mich vor Schmerzen. Heftige Fieberschübe, Kopf- und Gliederschmerzen quälten mich. Ich konnte nicht aufstehen, meine Beine versagten. Rosemary hatte mir einen Eimer an mein Bett gestellt, in den ich machte, wenn ich das Bedürfnis hatte. Kraftlos lag ich da wie im Delirium. Oft musste ich mich übergeben. Dies tat ich auch in den besagten Eimer vor meinem Bett. Eine schlimme Sauerei, die Rosemary wegmachen musste. Sie nahm das Ganze nicht sehr mit. Sie wusste, ich würde es überstehen. Ich nahm also Malarone gegen die Malaria ein und meine Frau kochte mir zudem ein übel riechendes Kräutergetränk. Beides behielt ich nicht in mir und bekam nun auch noch Durchfall. Dieser hielt die ganz Nacht an und ich war anschließend so erschöpft, dass ich zwei Tage lang durchschlief. Ich blieb eine ganze Woche im Bett und aß kaum. Dann hatte ich es endlich überstanden und dabei fünf Kilogramm abgenommen. Eine Erfahrung, auf die ich gerne verzichtet hätte und deren Wiederholung ich mir nicht wünschte.

Ich widmete mich also wieder dem Hausbau und gab Rosemarie Instruktionen, wie sie mit den Jungs umgehen sollte. Ich musste langsam zurück an die Küste. Ich trichterte ihr ein, dass sie vor und nach der Arbeit auf die Baustelle gehen solle, und das täglich. Eine kontinuierliche Überwachung der Baumaßnahmen war von Nöten, sodass Richard und die anderen auch weiterhin schnell und zuverlässig ihre Arbeit taten. Vertrauen ist gut, aber Kontrolle besser. Rosemary versprach es und ich reiste beruhigt ab.

In den nun folgenden Wochen an der Küste verdiente ich mir neben meiner Arbeit als Hotelmanager noch zusätzlich etwas Geld. Ich war auf eine grandiose Idee gekommen und hatte diese mit meinem Boss in den Bahari Dhow Beach Villas besprochen. Wir wollten die örtlichen Veranstalter ausstechen und ab sofort geführte Touren in die nahe gelegenen Shimba Hills und in die Hafenstadt Mombasa anbieten. Von den Villas aus wollte ich die deutschsprachigen Touren persönlich begleiten und rührte daher bei unseren Hotelgästen die Werbetrommel. Mein Chef sollte die Beträge für die Touren einbehalten, die Trinkgelder allerdings waren meine. Mombasa selbst war über die Likoni-Fähre erreichbar, die Süd- und Nordküste miteinander verband. Sie allein war schon ein touristisches Highlight. Massen von Autos und Menschen, dicht gedrängt, fuhren auf ihr. Meine Gäste staunten nicht schlecht über das rege und bunte Treiben. Um von Mombasa aus zu uns an die Südküste zu kommen, hatten die Touristen diese zwar schon benutzen dürfen, aber da die Flugzeuge meist sehr zeitig am Morgen landeten, hatten sie vor lauter Müdigkeit wenig gesehen.

Ich ließ unsere Gäste daher für erste Fotos kurz aus dem Auto aussteigen und erklärte Alter und Bauweise der Flotte. Als ich dann noch den Hinweis gab, dass hier die bekannte Schriftstellerin Corinne Hofmann ihren Massai, „Lketinga Leparmorijo", das erste Mal gesehen hatte, war die Begeisterung für die Likoni-Fähre auf meiner Seite. Fast jeder kannte das Buch „Die weiße Massai". Mombasa selbst liegt auf einer soliden Korallenriffinsel und ist eines der wichtigsten Handelszentren Kenias. Der Autoverkehr war eine Katastrophe und eine große Herausforderung. Ein dauerndes infernalisches Hupkonzert inmitten feuchtheißer Luft verlangte meinen Gästen alles ab. Ich hatte natürlich das wahre Mombasa versprochen und führte sie nicht nur zum bekanntesten Wahrzeichen der Stadt, den Elefantenstoßzähnen an der Moi Avenue, sondern auch zur großen Markthalle. Dort gab es nicht nur afrikanische Gewürze in Hülle und Fülle, sondern auch Obst und Gemüse und eine Menge Fleisch zu kaufen. Der Fleischmarkt selbst war etwas für Hartgesottene, denn der Gestank, die Fliegen und das viele Blut am Boden waren nichts für Zartbesaitete. Ich scherzte mit meinen Gästen und bot an, wer hier einmal durchlaufe, bekomme von mir später ein Getränk ausgegeben. Es machte mir unheimlich Spaß, diese Touren zu führen und Begeisterung bei den Menschen zu wecken.

Anders liefen die Fahrten zu den Shimba Hills im Bezirk der Stadt Kwale ab. Ich fuhr die Touren meist selbst in angemieteten Landcruisern und war Fahrer und Guide in einer Person. Diese Tagestouren waren meist schon eine kleine Safari, inmitten des afrikanischen Regenwaldes. Die Hills waren perfekt von der Südküste aus zu erreichen und ein Eldorado für Wildtiere wie kleine Bergelefanten, Wasserböcke, Affen und Rappenantilopen. Ein fantastischer Küstenurwald, geprägt von dicht bewachsenen Hügeln und saftigen grünen Wiesen. Bei guter Sicht konnte man von verschiedenen Aussichtspunkten sogar die Südküste überblicken und das Meer sehen. So wurden meine Touristenausflüge zum großen Erfolg und die Leute sparten nicht mit gutem Trinkgeld.

An meinen freien Tagen, die ich neuerdings hintereinanderlegte, sodass ich am Stück drei Wochen durcharbeitete, fuhr ich nach Kimana. Der Hausbau lief gut, auf die Jungs konnte ich zählen. Ich orderte immer wieder neue Baumaterialien aus Loitokitok und bezahlte diese gleich in bar. Mittlerweile standen die Außenwände und das Haus wurde gerade überdacht. Der Verputz im Inneren und die Elektrizität sollten nicht mehr viel Zeit in Anspruch nehmen, denn Rosemary war bereits im siebten Monat.

Wir hatten nun sechs Zimmer, eine große Küche und ein riesiges Wohnzimmer. Der Anbau für die geplante Bäckerei stand ebenfalls schon. Diese würden wir später einrichten. Rosemary brauchte erst einmal ein Heim für sich und das Baby. Bis jetzt wussten wir nicht, ob es ein Junge oder ein Mädchen werden würde, und ließen uns dahin gehend überraschen. Meine Frau hatte bereits im Kenyatta Hospital in Nairobi vorgesorgt und einen Platz für die Geburt angemeldet. Diese würde mich zwölftausend Schillinge kosten, einen Teil übernahm die staatliche Versicherung NHIF. Gerne wollte ich bei der Geburt dabei sein, wusste aber nicht, wann die Wehen einsetzen würden und wo ich mich zu diesem Zeitpunkt befand. Ich ließ Rosemary stets eine stattliche Summe an Schillingen da, wenn ich wieder an die Küste ging. Als Vorsorge für eine eventuelle Niederkunft und für Medikamente.

Meine Frau hatte bis jetzt eine Traumschwangerschaft. Es lief alles bestens und sie ging weiter arbeiten. Oft legte ich meine Hand auf ihren Bauch, um die Tritte des kleinen Wesens zu spüren. Es waren herrliche Glücksmomente.

Rosemary wollte natürlich einen biblischen Namen und so entschieden wir uns für Elias oder Sara. Ich hatte mittlerweile ebenfalls mehr zum Glauben gefunden. Ich ging oft und gerne mit meiner Frau in unsere kleine Dorfkirche, wenn ich in Kimana war. Die Gottesdienste waren ganz anders als in Deutschland. Es wurde gesungen und getanzt, gelacht und etwas Geld gespendet. Zum Schluss gab sich jeder Anwesende mit dem jeweils anderen die Hand. Frieden und Glück strahlten diese Momente aus, gepaart mit wohlklingender afrikanischer Kirchenmusik. Ich war Gott so dankbar, dass ich noch einmal Vater wurde.

Es war mittlerweile Juli geworden und ich plante, demnächst von der Küste aus nach Nairobi zu reisen. Mit dem Überlandbus wollte ich fahren und ein Ticket buchen. Dort warteten bereits ein Mietauto und ein preisgünstiges Motel auf mich, denn ich hatte vor, endlich auch für unsere geplante Bäckerei einzukaufen. Rosemary hatte den Job in der AA-Lodge aufgegeben und erwartete in der nächsten Zeit unser Baby. Sie lag daheim im Bett und konnte sich nicht mehr viel bewegen. Ihre Tante Hellen half ihr beim Nötigsten und ich wusste sie in guten Händen. Ich wollte länger in Nairobi bleiben, in der Hoffnung, hier Rosemary im Kenyatta Hospital zur Geburt unseres Kindes wiederzusehen. Sie musste mir hoch und heilig versprechen, sofort anzurufen, wenn die Wehen einsetzen. Dann müsse sie sich mit Hellen auf den Weg machen und ich würde das ebenfalls tun.

Nairobi kannte ich bereits aus mehrfachen Besuchen und freute mich jedes Mal, in ein etwas kühleres Klima zu kommen. Mombasa war heiß und stickig, Nairobi hatte Temperaturen um die zweiundzwanzig Grad. Moderne Hotels und Geschäftshochhäuser prägten hier das Straßenbild, ebenso wie Villenvororte und Slums. Ich würde abends nicht mehr vor die Tür gehen können, denn Nairobi besaß eine hohe Kriminalität. Ich hatte eine Liste angefertigt, was ich alles benötigte, um leckere Backwaren herzustellen, und dachte darüber nach, wie und wo ich alles bekommen sollte.

So fuhr ich einige Tage später nach Nairobi. Im Überlandbus war ich der einzige Weiße und wurde angestarrt. Das kannte ich schon zu Genüge und es machte mir nichts aus. Die lange Fahrt über Nacht allerdings schon. Es war eine Tortur und zerrte an meinen Nerven. Ich vertrieb mir die Zeit im ruckelnden Fahrzeug, indem ich Owen anrief. Er war ein Bekannter von mir aus alten Zeiten in der Mara River Lodge, der mit Frau und Kindern in Nairobi lebte. Er sollte mir bei den Einkäufen helfen und eventuell auch die Verhandlungen führen, damit bei mir der Preis als Weißer nicht in die Höhe schoss.

Owen freute sich auf meinen Besuch und lud mich außerdem bei sich zu Hause zum Essen ein.

Owen war schon an der Busstation, als ich ausstieg. „Jambo“, begrüßte ich ihn. „Wie geht es dir, Owen, was macht die Familie?“

Er winkte ab. Seit er in der Mara River Lodge gearbeitet hatte, machte er einfache Reinigungsdienste in einem Hotel der Stadt für ein geringes Gehalt. Das Geld war knapp und nun erhoffte er sich von mir einen Obolus für seine Dienste.“

„Wir müssen noch Essen einkaufen“, informierte mich Owen. „Meine Frau kocht uns nachher ein schönes Mahl, aber zunächst müssen wir Lebensmittel besorgen.“

Nun, diese hatte ich dann wohl zu zahlen. Ich kannte es nicht anders und zuckte nur mit den Schultern, während ich nickte. So machten wir uns auf und kauften eine große Menge Maismehl für das preisgünstige Ugali und dazu frischen Fisch und Mangos als Nachtisch. Ugali ist eines der Nationalgerichte in Kenia und schmeckte mir immer wieder sehr gut. Ein aus Maismehl hergestellter Getreidebrei, der zu relativ fester Konsistenz gekocht wird und sehr satt machte. Ich wollte, dass Owens Familie auch nach meinem Besuch noch genug davon hatte.

Schließlich fuhren wir zu ihm. Er lebte in Kilimani in einem der schäbigen Hochhäuser der Hauptstadt, mit mehreren Tüchern an den Fenstern, anstatt Glas.

Damit hatte er mehr als die meisten. Ich berat eine kleine Zweizimmerwohnung, in der Owen mit seiner Frau und drei Kindern lebte. Ich hatte bei meinem Einkauf auch zwei große Tüten Bonbons gekauft, die ich der Familie nun feierlich überreichte.

„Asante sana, asante sana“ – vielen, vielen Dank, die Kinder waren begeistert und rissen die Tüten an sich. Owens Ehefrau war eine dickliche, gemütliche Frau um die Dreißig, die mich herzlich willkommen hieß.

„Karibu, bitte setz dich“, sagte sie zu mir und wies auf einen Stuhl in der kleinen Küche. Sie machte sich an den Lebensmitteln zu schaffen und freute sich über die Mengen an Maismehl.

„Ich arbeite im Mash Park Hotel“, fing Owen unser Gespräch an. „Die suchen schon seit Längerem einen europäischen General Manager. Das weiß ich von den Leuten an der Rezeption und da habe ich sofort an dich gedacht.“ Ich horchte auf. In Nairobi zu arbeiten, wäre nicht schlecht.

„Was ist das denn für ein Hotel?“, fragte ich. Owen erzählte mir daraufhin, dass es sich um ein Viersternehotel in der Ngong Road handelte. Das Hotel besaß viele Annehmlichkeiten für Touristen und er war sich sicher, ich würde dort gut verdienen.

„Lass uns doch nachher hinfahren“, bot mir mein Bekannter an.

Warum nicht? Ich willigte ein. Nach dem sehr schmackhaften Mittagsmahl verabschiedete ich mich von der Familie.

Owen und ich fuhren direkt zum Hotel. Ich hatte natürlich keine Unterlagen dabei und war auf ein Vorstellungsgespräch auch nicht vorbereitet. Aber in Kenia läuft es sowieso anders als in Deutschland. Owen stellte mich an der Rezeption vor und es wurde sofort nach dem Direktor Mr. Manoti geklingelt. Ich sah mich einstweilen um, es gefiel mir. Ein modernes Hotel mit Außenpool, schickem Ambiente und neuen Möbeln. Zudem lag es sehr günstig für Touristen. Der Nairobi-Nationalpark lag zwanzig Minuten entfernt und der internationale Flughafen Jomo Kenyatta lag quasi nebenan. Ich kramte unterdessen in meiner Tasche nach meinen Visitenkarten von den Bahari Dhow Beach Villas, als der Direktor endlich erschien, ein viel beschäftigter Mann im Anzug um die Fünfzig mit grau meliertem Haar und einem gewinnbringenden Lächeln. Er begrüßte mich und ich stellte mich kurz vor. Wir setzten uns in die Lobby und ich erzählte von mir. Verkaufstalent hatte ich immer schon und so bot mir Mr. Manoti nach einer Stunde Gespräch den Job an. Als er mir das Gehalt nannte, kippte ich fast vom Stuhl. Es war mehr, als ich jemals in Kenia verdient hatte.

„Zudem erhalten Sie einen Toyota Prado Landcruiser als Firmenwagen und sind für die Leitung in allen Bereichen des Hotels verantwortlich. Wir besitzen drei Konferenzräume, hundertzehn Zimmer, einen Pool und eine Bar im Außenbereich sowie ein großes Restaurant im Inneren", schloss er das Gespräch. „Senden Sie uns bitte noch ihre Unterlagen per Mail zu." Er reichte mir seine Visitenkarte. „Übrigens, nennen Sie mich Steven", fügte er beim Abschied und schon im Weggehen lächelnd hinzu.

Ich war fassungslos vor Glück. Ich würde zusagen und meinen Job an der Küste hinschmeißen. Der Direktor bot an, ich könnte in drei Monaten anfangen, bis dahin hätte er noch Ersatz. Na wenn das mal nichts war. Ich hatte wohl derzeit eine Glückssträhne.

Owen und ich machten uns nun endlich auf, für meine Bäckerei einzukaufen. Ich hatte schon von Kimana aus telefoniert und eine Glasvitrine anfertigen lassen, in der die Backwaren ausgestellt werden sollten. Mit Owen zusammen schauten wir sie uns an und er verhandelte den Preis. Alle anderen Dinge, die ich brauchte, bekam ich in der Junction Mall und den Backofen hatte ich mir in Loitokitok anfertigen lassen. Die Vitrine wurde nach Kimana geliefert und ich war sehr zufrieden mit dem heutigen Tag. Zwei Tage später rief mich Rosemary an. Ich war gerade in Nairobi unterwegs, um noch einige Besorgungen zu machen.

„Jürgen, es geht los, ich habe die ersten schlimmen Wehen", informierte sie mich. „Ich fahre jetzt mit

Hellen nach Nairobi.“ Ich konnte es nicht glauben. Mein Kind war auf dem Weg, ich würde Vater werden.

„Wir treffen uns im Hospital“, rief ich in den Hörer und machte, dass ich mit meinen Einkäufen fertig wurde.

Ich dachte an unser schönes Heim in Kimana. Ich hatte die Inneneinrichtung gekauft, Möbel bringen lassen, die Küche mit Utensilien ausgestattet, alles war so weit fertig, dass man das Haus bewohnen konnte. Mit dem Rest würden wir einfach improvisieren. Rosemary hatte bereits einiges für unser Baby besorgt, eine einfache Erstausstattung war vorhanden. Einen Kinderwagen oder eine Trageschale wie in Deutschland hatten wir nicht. Rosemarie nahm einfach ein Tuch vor ihren Bauch, in dem sie unser Kind tragen würde.

Aufgeregt fuhr ich einige Stunden später zum Kenyatta Hospital. Es war eine gute Klinik und für afrikanische Verhältnisse die Beste. Rosemary und Hellen waren noch nicht da. Ich wartete im Auto und rief jede halbe Stunde bei meiner Frau auf dem Handy an. Es war so weit alles in Ordnung, ich erwartete sie innerhalb der nächsten zwei Stunden.

Als Rosemary endlich eintraf, gingen wir gemeinsam ins Hospital. Am Check-in trug sich meine Frau ein. Ich fragte, ob ich der Geburt beiwohnen dürfe. Es war mir nicht erlaubt, Tante Hellen allerdings schon. Ich bedauerte dies sehr, denn ich war bei Thomas‘ Geburt ebenfalls nicht dabei gewesen. Damals durfte man das leider noch nicht. Schnell erzählte ich Rosemary und Hellen von meinem neuen Jobangebot, denn wir hatten noch nicht die Zeit gefunden, darüber zu reden. Jetzt war aber ebenso keine günstige Gelegenheit. Rosemary krümmte sich vor Schmerzen und wir verabschiedeten uns voneinander.

Ich nahm im Wartebereich Platz und stellte mich auf einige Stunden ein, die ich hier verbringen würde. Zeit war in Kenia relativ, das Warten hatte ich bereits gelernt. Ich holte mir einen Kaffee und das Tagesblatt. Allerdings war ich so aufgeregt, dass die Buchstaben vor meinen Augen tanzten. Die Stunden schlichen vor sich hin. Ich wurde immer nervöser und bewunderte meine Frau, die jetzt gerade alle Kräfte sammeln musste, um zu gebären. Hoffentlich ging alles gut und wir bekamen ein gesundes Kind. Als Hellen nach langer Wartezeit endlich auf mich zukam, sprang ich erwartungsvoll auf. „Und?“, fragte ich aufgeregt? „Ist alles gut gegangen, hat sie unser Kind bekommen? Ist es gesund? Junge oder Mädchen?“, sprudelten die Worte aus mir heraus.

Hellen musste lachen. „Herzlichen Glückwunsch“, strahlte sie. „Beide Kinder sind wohlauf.“

Beide? Ich musste mich erst einmal setzen. Diese Nachricht konnte ich gar nicht begreifen.

„Du bist Vater von Zwillingen, ein Junge und ein Mädchen." Hellen lachte und schüttelte mir die Hand. Ich konnte es nicht fassen. „Sie sind ganz winzig und wunderschön. Gesund und munter", erzählte Hellen weiter.

Ich lachte aus vollen Herzen. Das gibt es doch nicht. Ich war mächtig stolz auf Rosemary und mich.

„Kann ich meine Frau und die Kinder sehen?", fragte ich die Tante und sprang wieder auf.

„Komm", antwortete Hellen, „hier entlang."

Als ich endlich in Rosemarys Zimmer stand, begrüßte mich ein Traumbild. Meine Frau lag glücklich im Bett, rechts und links jeweils ein Baby im Arm, und strahlte mich an. Elias und Sara waren die hübschesten Kinder, die ich je gesehen hatte, und stürmisch küsste ich meine Frau.

„Pole, pole – langsam", antwortete sie lachend, „ich bin noch ganz geschafft von der Geburt. Willst du sie mal nehmen?"

Natürlich wollte ich. Ich nahm beide behutsam an mich, Hellen eilte mir zur Hilfe. Sie schliefen friedlich. Ich hatte noch nie so winzige Ohren und Nasen gesehen. Ich erinnerte mich nicht mehr, wie das bei Thomas gewesen war. Unterdessen erzählte meine Frau von der Geburt. Man hatte einen Ultraschall gemacht und ihr die frohe Kunde von den Zwillingen kurz vor der Niederkunft überbracht. Sie war unvorbereitet, aber sehr glücklich.

„Niemals können aus mir zwei Babys kommen“, hatte sie dem Arzt noch mitgeteilt, der ihr lachend geantwortet hatte: „Natürlich werden sie das.“ Und schon ging es los. Unsere Kinder waren zweieiig und ich hörte erstaunt meiner Frau zu, wie sie die Geburt im Detail beschrieb. Ich war beeindruckt. Was Frauen alles leisten können! Rosemary hatte einiges an Blut verloren und erst jetzt nahm ich die Infusion an ihrem Arm wahr. Kurz dachte ich darüber nach, ob das frische Blut auch ausreichend getestet war. Kenia besaß eine hohe Aids-Rate. Aber dann verdrängte ich diesen Gedanken schnell wieder und gab mich ganz dem Glücksmoment hin.

Zwei Tage später konnten wir alle vier Nairobi verlassen und fuhren zurück nach Hause. Ich hatte gestern noch in der Stadt Babysachen eingekauft, schließlich hatten wir jetzt zwei Kinder. Ich war unendlich glücklich und stolz auf meine Frau, die ich immer wieder verliebt ansah.

Zurück in Kimana war die Freude bei unseren Bekannten und Freunden groß, jeder wollte die Babys sehen. Ich organisierte eine kleine Feier für unsere Freunde, da ich vor Stolz fast platzte und unbedingt etwas tun wollte. Ich kaufte drei Kästen Tusker-Bier und Tante Hellen kochte Ugali und Spinat. Rosemary ruhte sich etwas aus, freute sich aber auch auf die Party. Unsere Kinder schliefen die meiste Zeit, bis jetzt hatten sie nur selten Laute von sich gegeben oder geschrien. Rosemary hatte genug Milch. Dafür war ich Gott sehr dankbar.

Ich bereitete die Feier für den Abend vor und stellte den Radiosender ein, welcher uns heute mit Musik beglücken sollte. Rückte Stühle und Tische und schaute Hellen über die Schulter, wie sie kochte. Ein herrlicher Duft zog durch Haus, mir lief das Wasser im Munde zusammen. Wann hatte ich eigentlich das letzte Mal etwas gegessen? Ich konnte mich gerade nicht erinnern. Alles war so aufregend und neu.

Schon wurde es Nachmittag und die ersten Gäste kamen aus den umliegenden Häusern und Hütten. Wenn es etwas umsonst gab, kamen alle gerne. Davon aber mal abgesehen, sah ich nur in freudige Gesichter und nahm stolz die Glückwünsche entgegen. Es wurde getanzt, gegessen, getrunken und viel gelacht. Den örtlichen Priester hatte ich ebenfalls eingeladen, dieser segnete unsere Kinder gleich an Ort und Stelle. Später würden wir sie taufen lassen, Rosemary legte darauf großen Wert! Bis tief in die Nacht feierten wir ausgelassen und ich konnte mich nicht erinnern, wann ich jemals im Leben so glücklich war. Als Rosemary sich in ihr Bett verabschiedete, feierte ich noch lange mit einer Handvoll Gästen weiter. Viele waren schon längst nach Hause gegangen.

Später saß ich noch lange vor unserem Haus und sann über den Sinn des Lebens nach. Das hatte mir

Gott also sagen wollen. Nun wusste ich, was meine Aufgabe im Leben gewesen war. Zwei Kinder erblickten durch Rosemary und mich das Licht der Welt! Ich würde sie hüten wie einen Schatz. Ich dachte an die verstorbenen Lieben in Deutschland und an meine Schicksalsschläge, die mich fast mein Leben und alles Vertrauen gekostet hätten.

Wolfgang hätte die frohe Kunde begeistert. Ich war mir sicher, er wäre trotz Bedenken, nach Afrika zu reisen, sofort hergeflogen. Ach, Wolfgang, dachte ich. Wenn du nur wüsstest, wie glücklich ich bin. Endlich löschte ich das Licht und legte mich schlafen.

9) Rückkehr alter Gewohnheiten

Ich nahm meine Arbeit in den Bahari Dhow Beach Villas wieder auf und fuhr zurück an die Südküste. Ich wusste Rosemary und die Kinder in guten Händen, denn Tante Hellen war bei uns eingezogen. Sie unterstützte meine Frau, wo es nur ging, und ich konnte meine verbleibenden Monate in den Villas hinter mich bringen. Mein Boss war nicht begeistert, als ich meine Kündigung aussprach und ihm ein dazugehöriges Schriftstück auf seinen Schreibtisch legte. Ich hatte gute Arbeit geleistet und er wollte mich nicht gehen lassen. Aber der neue Job in Nairobi und das Gehalt dort lockten mich. Ich war etwas übermütig geworden, sehr mit mir und dem Verlauf meines Lebens zufrieden und wollte nun endlich wieder ein wenig Spaß haben. Daher erklärte ich meinem Boss, dass ich ab sofort die Wochenenden frei bräuchte und dafür wochentags durchgängig bis zwanzig Uhr arbeiten würde. Ich wollte mich etwas in das kenianische Nachtleben stürzen. In Nairobi würde es sicherlich stressig werden und ich ahnte, ich würde lange auf private Freude verzichten müssen. Ich kannte hier einschlägige Amüsements, die bei den Einheimischen hoch im Kurs standen. Bislang hatte ich diese nicht besucht, da ich in den Villas gebraucht wurde und fast durchgängig gearbeitet hatte. Nun aber wollte ich mal wieder so richtig auf die Pauke hauen. Ein wenig feiern würde mir guttun und das hatte ich mir auch verdient. Gleich am darauffolgenden Wochenende wollte ich den „Full Moon Night Club" besuchen und danach weiter wandern in die „Tandoori Baharini Lounge". Beide Locations waren bekannt für leckere Cocktails und rhythmische Livemusik. Genau das wollte ich jetzt ausprobieren und einfach nur mein Leben genießen.

Ich zog also mein bestes Hemd an und machte mich Samstagabend auf in den ersten Klub. Ich wählte einen freien Tisch im Außenbereich unter dem Sternhimmel und bestellte beim Kellner einen Gin Tonic. Es war brechend voll. Der Bass dröhnte und die Tanzfläche bebte vor tanzenden Menschen. Meine Füße wippten im Takt mit und ich sah mich ein wenig um. Die Stimmung war erstklassig und ich erinnerte mich gerne zurück an meine Jugendjahre, in denen ich auch kräftig gefeiert hatte.

„Hello Mister." Schon stand eine junge Lady vor meinem Tisch. „Kann ich mich zu dir setzen?" Sie trug einen verboten kurzen Minirock, war vielleicht zwanzig Jahre alt und bildschön. Ich nahm ihre auffällig geschminkten Lippen wahr, genauso wie ihren verführerischen Parfümduft.

Warum nicht, dachte ich bei mir. Ich wusste, dass Weiße bei den kenianischen Mädchen hoch im Kurs standen. Da spielten anscheinend Alter und Aussehen eines „Mzungu“ keine Rolle. Weiße hatten Geld und nur das war den Damen wichtig.

„Mein Name ist Linda“, fuhr sie fort und kam mir dabei gefährlich nahe. Sie legte ihre lackierten Finger auf meinen Schoß.

Die geht ja ran, dachte ich bei mir und bemerkte, wie ich etwas nervös wurde. In mir regte sich bereits etwas. Rosemary und ich hatten im letzten Drittel ihrer Schwangerschaft keinen Sex mehr gehabt und nun musste auch noch der Dammriss heilen, den man ihr nach der Geburt der Zwillinge zugenäht hatte. Folgend saß ich auf dem Trockenen und fand Linda daher ziemlich sexy. Zudem war ich stolz, bei so einem jungen Ding Interesse geweckt zu haben, Mzungu hin oder her. Kurz dachte ich an Rosemary und meine Kinder, aber dann auch wieder, dass ich nicht mehr lange an der Küste wohnen würde. Eigentlich hatte ich einen Freifahrtschein!

Linda erzählte mir, dass sie Single und Mutter eines drei Jahre alten Sohnes sei. Der Vater hätte sie verlassen und ihr Kind lebe nun bei seinen Großeltern auf dem Land. „Ich bin jedes Wochenende hier“, lachte sie verführerisch und rutschte noch näher.

Die Musik wurde nun langsamer und Linda forderte mich zum Tanzen auf. Ich willigte ein. Eng umschlungen liefen wir in Richtung Tanzfläche. Ich sah die neidischen Blicke der anderen Ladys, als wir an deren Tischen vorbeigingen, und fühlte mich begehrt und großartig. Du hast es immer noch drauf, alter Junge, dachte ich bei mir. Linda umschlang meine Schultern mit ihren Armen und drückte sich eng an mich. Ich hatte meine Hände um ihre sexy Hüften gelegt und sie wanderten weiter bis zu ihrem Po. Afrikanerinnen haben ausladende Hinterteile, die im Takt wunderbar hin und her schwingen konnten, was auch Linda ausgiebig tat. Dabei drückte sie sich mit ihrem Körper immer mehr an mich und ich spürte ihre steifen Brustwarzen. Dermaßen sexy. Ich fing an zu schwitzen. Nun drehte sie sich um, ging leicht in die Hocke und rieb ihren Po an meinem Unterkörper, indem sie sich auf und ab bewegte und so mein Geschlechtsteil bearbeitete. Das ist ja purer Sex auf der Tanzfläche, dachte ich bei mir und sah mich neugierig um. Auch die anderen Paare tanzten so. In der Luft lag ein erotisches Knistern und ich fühlte mich ziemlich erregt.

Schon überlegte ich, wie ich bei Linda zum Zug kommen könnte, da fragte sie mich auch schon, ob ich heute Nacht mit zu ihr kommen wolle. Unfassbar, wie einfach das mal wieder ging. Zurück am Tisch, musste ich erst einmal Luft holen und mich etwas akklimatisieren. Ich bestellte ein Tusker-Bier für mich und für Linda einen Cocktail. Ich wusste, sie ging selbstverständlich davon aus, dass ich später zahlte.

„Kann ich auch etwas essen?“, fragte sie mich.

„Selbstverständlich“, antwortete ich und sah zu, wie sie dem Kellner winkte. Sie bestellte ein paar Samosas, leckere Teigtaschen mit Fleisch und Gemüse. Wer weiß, ob sie heute schon gegessen hat, dachte ich bei mir. Die Armut und das hart umkämpfte Leben waren mir durchaus bewusst.

Nach dem Essen zogen Linda und ich noch weiter in die Shakatak-Disco, welche sie mir unbedingt zeigen wollte. Ein von außen hell erleuchtetes Gebäude erwartete mich. Für afrikanische Verhältnisse eine sehr schöne Disco. Es sah gemütlich im Inneren aus und es war voll. Ein Nightclub und eine Snackbar in einem. Wir tanzten den ganzen Abend und Linda küsste mich dermaßen aufreizend, dass ich sie unbedingt wollte, und zwar noch heute Nacht.

Als der Morgen graute, gingen wir Hand in Hand hinaus auf die Straße. Linda hob den Arm und schon war das nächste Matatu unseres. Diese nützlichen Sammeltaxis sind wichtige Transportmittel in Kenia und aus dem öffentlichen Nahverkehr nicht wegzudenken. Wir quetschten uns in den Kleinbus voller Leute. Laute Musik und lachende Menschen im Inneren erwarteten uns. Ebenso ein penetranter Schweißgeruch. Ich versuchte erfolglos, ein Fenster zu öffnen, um etwas frische Luft zu bekommen. Wohin wir genau fuhren, wusste ich nicht. Linda saß neben mir und lächelte mich an.

„Wir sind gleich da“, sagte sie und schon stoppte das Matatu.

Wir stiegen rasch aus und das Taxi fuhr mit quietschenden Reifen davon. Linda nahm mich an die Hand und führte mich ein Stück des Weges entlang, um dann mit mir rechts abzubiegen. Ein Feldweg folgte. Endlich nahm ich im Morgengrauen einige Hütten wahr. Dorthin zog mich Linda. Sie öffnete die Tür zu einer schäbigen Behausung und ich trat in eine Art Wohn-Schlafzimmer. Wenige Möbel standen darin. Eine kleine Couch, ein Bett, zwei Plastikstühle und ein kleiner Tisch. Hier also wohnte sie. Ihre wenigen Anziehsachen lagen ordentlich aufeinandergestapelt auf dem rechten Stuhl und ihre Schminkutensilien auf dem Bett. Hier hatte sie sich also gestern Abend zum Ausgehen fertiggemacht.

„Komm, Süßer“, holte sie mich aus meinen Betrachtungen und räumte schnell das Bett frei. Wir ließen uns auf die Matratze fallen. Wieder küsste sie mich und ich zog sie gierig aus. Linda half mir dabei. Wir stürzten uns regelrecht aufeinander und ohne mich groß aufzuhalten, drang ich in sie ein. Ich kam sofort und war danach ganz außer Puste. Linda jedoch ließ sich nicht beirren und massierte meinen gesamten Körper hingebungsvoll, bis ich sie erneut begehrte. Das zweite Mal wurde nicht weniger heiß und ich kam erneut schnell und heftig. Erst nachdem ich wieder zu mir gefunden hatte, realisierte ich, dass ich mit Linda ohne Kondom geschlafen hatte. Ich dachte sofort an Hepatitis, HIV, aber auch an eine mögliche Schwangerschaft. Was machst du nur, Junge?, dachte ich bei mir. Hoffentlich kam ich noch einmal mit einem blauen Auge davon.

Linda hingegen schien vollauf zufrieden, denn sie stand langsam auf und zog sich seelenruhig an.

„Du musst sicher zurück in die Villas", sagte sie forsch. Wie dumm, ich hatte ihr von meiner Arbeitsstelle erzählt. „Lässt du mir ein paar Schillinge da?", fragte sie mich lächelnd. Mein Gott, ich hatte mit einer Prostituierten geschlafen, schoss es mir durch den Kopf. Wie konnte ich das nur tun?

Wieder einmal verfluchte ich meine Frauenschwäche. Ich dachte an Rosemary, ich liebte sie doch. Warum nur konnte ich meinen sexuellen Trieb nicht unter Kontrolle halten?

Ich machte, dass ich aus dem Bett kam und zog mich hastig an. „Hier hast du meine letzten Schillinge", sagte ich zu Linda und räumte meine Taschen aus. Sie schien zufrieden. Ich verabschiedete mich rasch und stürzte ins Freie. Ziellos lief ich durch die Gegend, bis ein Matatu kam, das mich in die Nähe der Villas brachte. In meinem Zimmer ging ich sofort unter die Dusche und versuchte, mein schlechtes Gewissen abzuwaschen.

Aber Linda ließ sich nicht beirren. Schon am übernächsten Tag stand sie vor den Toren meiner Arbeitsstelle und begehrte Einlass. Der Security am Eingang gab sie keck zu verstehen, dass sie den Hotelmanager sprechen wolle, sie sei mit ihm bekannt. Man rief mich auf meinem Handy an und mir stieg sofort die Schamesröte ins Gesicht. Was sollten die Leute denken? Sicher, für Linda war die Sache einfach. Sie hatte einen großen Fisch am Haken und wollte ihn nicht aufgeben. Ich stürzte zum Tor.

„Linda, du musst gehen, du kannst mich nicht bei meiner Arbeit stören“, rief ich atemlos.

Sie ging jedoch nicht eher, bis ich ihr versprach, sie am nächsten Samstag in das Nomad Beach Restaurant auszuführen. Ich kannte das Lokal. Dort saßen viele Touristen und es war sehr teuer. Was hatte ich mir da nur eingebrockt?

„Wenn du nicht kommst, stehe ich am Montag wieder hier“, rief sie mir noch hinterher, als ich eilig zurück in die Villas lief. Meine Gedanken rasten. Irgendwie geschmeichelt war ich schon. Sie hatte wieder bezaubernd ausgesehen. Ihre Beine wirkten grazil und die langen Haare hatte sie flechten lassen. Sie ist und bleibt eine Prostituierte, schoss es mir durch den Kopf. Oder nicht? Ich würde es herausfinden müssen, ansonsten war ich in den Villas vor ihr nicht mehr sicher.

Zunächst bekam ich aber einen Anruf von zu Hause, der mich wieder an das erinnerte, was wirklich wichtig war. Rosemary!

„Wie geht es euch?“, fragte ich in den Hörer.

„Alles bestens“, antwortete mir meine Frau. „Die Kinder schreien wenig, sie sind satt und schlafen die meiste Zeit. Ich habe ausreichend Milch“, erzählte sie mir.

„Kommst du mit dem Geld klar?“, fragte ich sie.

Ich hatte ihr eine größere Summe gegeben, als ich an die Küste ging. Sie bejahte. Auf meine Frau konnte ich mich verlassen.

Ich war sehr stolz auf sie. Mit Hellen sprach ich auch noch eine Weile, die mir erzählte, dass die Glasvitrine aus Nairobi angekommen sei. Das nächste Mal, wenn ich in Kimana war, würde ich beide in die Kunst des Backens einführen. So konnten sie etwas Geld verdienen, wenn ich meinen neuen Job antrat.

„Ich würde gerne Hummer essen.“

Es war Samstagabend und ich saß mit Linda im Nomad Restaurant am Meer. Sie hatte diesmal ein schlichteres Outfit gewählt, worüber ich sehr glücklich war. Kein Minirock, aber immer noch sexy. Ich sah mich um. Immerhin könnte es ja sein, dass ich hier Leute traf. Jeder, der mich kannte, wusste von Rosemary. Auf der anderen Seite, wer machte so etwas nicht? Alle taten es. Ich versuchte, mich zu entspannen. Hummer wollte sie also. Nun, die Rechnung würde entsprechend hoch ausfallen. Ich selbst hatte Lust auf ein ordentliches Steak und so orderte ich beides beim Kellner.

„Nun, Linda“, fing ich das Gespräch an, „erzähl mir von dir.“ Ich wollte endlich herausfinden, ob sie mit Männern schlief, um Geld zu verdienen.

Linda erzählte mir, dass sie an der Küste geblieben war, um ihren Sohn zu ernähren. Regelmäßig fuhr sie aufs Land hinaus und besuchte ihn bei den Eltern. Ich kannte solche Geschichten zu Genüge. Die kenianischen Männer schwängerten die jungen Mädchen und verschwanden vor der Geburt einfach. Die Frauen blieben allein zurück und gaben die Kinder den Eltern, die dann verlangten, dass die junge Frau alle ernährte. Meist geschah das durch Prostitution, denn es war der einfachste Weg! Aber auch anders herum prostituierten sich die Männer bei den beleibten, weißen Touristinnen. Ein Teufelskreis und das ganz normale Leben in Kenia. Ich seufzte. Irgendwie tat mir Linda leid.

„Hast du ein Bild von deinem Sohn?“

Sie kramte daraufhin in ihrer Tasche und zeigte mir voller Stolz ein verblichenes Foto. Ich wusste, sie hatte es nicht einfach, ihr Leben war hart.

Wir verbrachten einen gemütlichen Abend. Ein leichter Wind wehte vom Indischen Ozean herüber, die Wellen rauschten und der Sternenhimmel leuchtete. Im Nomad spielte eine Band romantische Livemusik und das Ambiente war fantastisch. Ich vermisste mit einem Mal Rosemary und die Kinder. Es wäre schön, wenn wir jetzt zu viert hier wären. Ich sah Linda an. Sie hatte das ganze Leben noch vor sich. Was wollte sie eigentlich von mir? Ich beschloss, ihr zu erzählen, dass ich verheiratet war. Vielleicht würde es sie abschrecken. Die meisten afrikanischen Frauen waren sehr eifersüchtig. Aber nicht Linda! Als sie hörte, dass Rosemary in Kimana lebte, lächelte sie mich an und fragte mich, ob ich heute Abend wieder mit zu ihr gehen wolle.

„Du könntest mich als deine Freundin auch offiziell in die Villas einladen“, schmeichelte sie mir. „Ich würde unglaublich gerne einmal einen Tag am Pool deines Hotels liegen und Getränke bestellen.“ Als meine Freundin? Ich musste kurz schlucken.

„Linda, das geht nicht, versteh doch.“

Nun schmollte sie und sah mich mit ihren geschminkten Lippen wieder verführerisch an. Ach, es war so schwer, ein Mann zu sein.

Vier Wochen waren ins Land gegangen, ohne dass ich Linda wiedersah. Die ganze Angelegenheit war mir zu heiß geworden und ich hatte ihr sogar mit der Polizei gedroht, wenn sie wieder zu mir in die Villas kommen sollte. Vor den Gesetzeshütern hatten alle

Kenianerinnen Angst und so nahm meine kurze Affäre ein jähes Ende. Auf weitere Bekanntschaften hatte ich keine Lust und so ging ich auch nicht mehr aus. Ich führte wieder meine Touren nach Mombasa und in die Shimba Hills und arbeite wie gewohnt weiter.

Bis ich eines Nachts aus dem Schlaf gerissen wurde. Ich hatte von Wolfgang geträumt. Mein guter Freund war so real gewesen, dass ich ganz verwirrt aufwachte, als mein Handy Sturm klingelte. Es war Hellen.

„Du musst sofort nach Hause kommen!“, schrie sie ins Telefon.

Ich erfasste gar nicht wirklich, was sie da sagte, und fragte verschlafen, was denn nur los sei.

„Es hat gebrannt“, antwortete Hellen leicht hysterisch. „Die Elektrizität, ein Stromkabel ist durchgeschmort und das Wohnzimmer hat Feuer gefangen!“

Was? Nun war ich hellwach.

„Wie geht es Rosemary und den Kindern?“, rief ich nun meinerseits besorgt ins Telefon.

„Den Kindern geht es gut, wir konnten das Feuer löschen“, erzählte Hellen weiter. „Mit Tüchern und Wassereimern haben wir es unter Kontrolle gebracht. Nur Rosemary hat leichte Verbrennungen davongetragen und ist unterwegs zum Arzt. Wir haben nun einen großen Wasserschaden im Haus und zudem keinen Strom.“

Ich war fassungslos. Unser schönes neues Heim. Gott sei Dank ging es allen so weit gut. Die Elektrizität war ein großes Thema in Kenia. Leitungen wurden oft unprofessionell verlegt und zudem erschwerten permanente Stromausfälle das Leben. Ich plante schon länger Solarpaneele auf unserem Dach, aber mir fehlte das nötige Kleingeld.

„Ich komme gleich morgen früh“, informierte ich Hellen. Meinen Chef würde ich vor vollendete Tatsachen stellen müssen. Da ich nur noch wenige Tage bis zum Ende meines Vertrages hatte, wollte ich nun abbrechen und auf das anteilige Gehalt verzichten. Mein Leben an der Küste war zu Ende. Die restliche Zeit würde ich in Kimana bleiben und dann nach Nairobi abreisen. Da ich nicht mehr schlafen konnte, packte ich meine Siebensachen und bereitete mich auf die lange Fahrt vor. Ich wollte so schnell wie möglich nach Hause.

„Schau dir nur an, wie es hier aussieht“, empfing mich Hellen am späten Nachmittag in Kimana. Zunächst wollte ich aber meine Frau und die Kinder begrüßen, Rosemary war in der Küche und bereitete das Abendessen vor. An den Armen trug sie Verbände und war ihrerseits sehr froh, mich zu sehen.

„Rosemary, was sagt der Arzt?“, fragte ich sie besorgt.

„Alles in Ordnung, die Wunden werden heilen, ich habe eine Salbe zur Linderung bekommen", antwortete meine Frau. Ich war sehr erleichtert.

„Komm, ich zeige dir die Kinder." Sie zog mich in Richtung Schlafzimmer. Elias und Sara schliefen friedlich. Sie waren ganz schön gewachsen. Verliebt sah ich die beiden an. Was für ein Glück, dass niemandem etwas passiert war.

Nun wollte ich mir das ganze Ausmaß im Wohnzimmer ansehen. Tatsächlich! Ein großer Wasserschaden! Möbel waren verrußt und in Mitleidenschaft gezogen worden. Ich sah mir die Stelle an, wo das Feuer ausgebrochen war. Die Renovierung würde mich viel Geld kosten. Gleich morgen werde ich mich kümmern, dachte ich und umarmte meine Frau, die neben mir stand. Was hätte alles passieren können? Wir hatten noch einmal Glück gehabt.

Die nächsten Tage verbrachte ich sehr beschäftigt und mit vielen Besorgungen. Unterdessen hatte ich einen Elektriker engagiert und einige Nachbarn mobilisiert, die die unbrauchbaren Möbel außer Haus schafften. Zudem brachten Rosemary und Hellen das Wohnzimmer wieder auf Vordermann. Mit viel Farbe rückten wir dem Ganzen auf den Leib und renovierten, so gut es ging. Neues Mobiliar organisierte ich aus Loitokitok. Es würde noch eine Weile dauern, bis der nasse Boden trocknete und wir die neuen Möbel aufstellen konnten. Alles in allem war die Angelegenheit für uns glimpflich ausgegangen.

Nicht auszudenken, wenn meiner Familie Schlimmeres passiert wäre.

Nun war es an der Zeit, die Bäckerei in Angriff zu nehmen. Ich kaufte Lebensmittel ein. Große Säcke an Mehl, Zucker und Salz. Eben alles, was ich benötigte, um mit dem Business zu starten. Wir richteten den Anbau her und bereiteten alles für den Verkauf vor. Das Equipment stand und nun musste ich Rosemary und Hellen nur noch einweisen. Da meine Frau viel mit den Kindern beschäftigt war, sollte vorwiegend die Tante die Bäckerei leiten. Ich überlegte sogar, eine Mitarbeiterin einzustellen. Allerdings sollte es eine Vertrauensperson sein. Schwierig in Kenia. Immerhin musste sie mit den Einnahmen und der Kasse umgehen.

Rosemary und Hellen nahmen von nun an täglich bei mir Unterricht und es machte mir sehr viel Spaß, wie früher in der Backstube zu stehen. Ich schrieb alle Vorgänge penibel auf Papier und heftete sie an die Wände. Beide Frauen lernten schnell.

Wir backten Brötchen und viele Laibe Brot, aber auch Kuchen und Kekse. Zusammen entschieden wir, was wir für die einzelnen Backwaren verlangen konnten. Rosemary und Hellen lernten die Preise auswendig. Ich machte im Dorf Werbung für unsere Bäckerei. Das hätte ich allerdings gar nicht tun müssen, denn die Leute waren begeistert und warteten sehnsüchtig auf die Eröffnung, die in drei Tagen anstand.

Unsere Bäckerei wurde ein großer Erfolg. Immer neue Rezepte probierte ich aus und lehrte sie die beiden Frauen. Rosemary brachte eines Tages ein junges Mädchen aus der Nachbarschaft mit nach Hause, die sie für die Bäckerei verpflichten wollte. Sameera war eine achtzehnjährige Frau, die gerade ihre Schule beendet hatte und nun einen Job suchte. Obwohl ich ein Vertrauensproblem hatte, entschied ich mich, es mit Sameera zu versuchen. Wir klärten, dass sie einen monatlichen Lohn erhalten sollte, wenn sie uns tatkräftig unterstützen und die Backstube sauber halten würde. Zudem kamen wir auf die Idee, dass die junge Frau gleichzeitig auch Rosemarys Haushälterin werden könnte. Im Haus war immer viel zu tun und Hellen stand vorwiegend in der Backstube und verkaufte. Wir öffneten das Geschäft jeden Morgen um neun Uhr und schlossen es bereits gegen Mittag wieder. Die Menschen kamen aus der ganzen Nachbarschaft und den umliegenden Dörfern. Stets empfing uns eine große Warteschlange vor unserer Ladentür. Jeder wollte die leckeren Backwaren kaufen. Es lief alles wunderbar und ich war sehr zufrieden.

Oft saß ich vor meinem Haus und genoss den Blick in die Ferne und auf den Kilimanjaro. Ich war stolz auf das, was ich geschaffen hatte, und freute mich gleichzeitig auf das neue Leben in Nairobi. In meiner Freizeit kümmerte ich mich auch um die Kinder. Sie waren noch so klein und ich konnte noch nicht viel mit ihnen anfangen. Aber ich gab oft die Milchflaschen und kuschelte mit ihnen, indem ich sie auf meinen nackten Oberkörper legte und streichelte. Es waren einzigartige Momente, die ich aufsaugte wie ein Schwamm. Ich liebte meine Kinder von Herzen. Elias sah mir ähnlich und Sara ihrer Mutter. Mein Sohn war ein Cappuccino-Kind, wie ich ihn scherzhaft nannte. Seine hellbraune Hautfarbe stand im großen Kontrast zu Saras dunkler. Was die Natur alles hergab! Man konnte nur staunen. Sie würden es einmal gut haben. Mit meinem hohen Gehalt in Nairobi konnten wir sie auf renommierte Schulen schicken. Zudem hatte ich vor, noch mehr Land zu kaufen. Ich wollte einen Grundstock für meine Kinder, denn Landbesitz war gleichzusetzen mit Reichtum. Ich hatte viele Ideen im Kopf, auch schwebte mir in einigen Jahren eine Pension vor, ein weiteres Haus mit Wohnmöglichkeiten zum langfristigen Vermieten.

Die Menschen wohnten teils in erbärmlichen Hütten und der Bedarf an Wohnungen in richtigen Steinhäusern war groß. So vergingen die Tage in Kimana und bald wurde es Zeit, nach Nairobi zu fahren. Rosemary konnte sich nun selbst versorgen, ich machte mir keine Sorgen mehr. Trotzdem ließ ich ihr noch etwas Geld da, sodass sie ausreichend Waren für die Backstube bestellen konnte. Bereits jetzt trug sich die Bäckerei von alleine und ich konnte beruhigt abreisen.

Direktor Steven Manoti begrüßte mich überschwänglich, als ich im Mash Park Hotel ankam. „Karibu, Jürgen, wie geht es der Familie?“, fragte er und schüttelte mir herzlich die Hand.

Ich versicherte ihm, dass alles bestens sei, und er begleitete mich zu meinem zukünftigen Personalzimmer in der zweiten Etage des Hotels. „Hier werden Sie bleiben.“ Steven drückte mir die Zimmerkarte in die Hand.

Ich freute mich, dass ich ein ganz normales Gästezimmer bewohnen durfte, und hatte somit alle Annehmlichkeiten, die ich brauchte. Steven lud mich in das Restaurant zum Essen ein. Dabei wollte er mit mir die Einweisungen in meine zukünftige Arbeit durchführen. Ich sagte zu und wir verabredeten uns für fünfzehn Uhr. Als ich auf dem Tisch in meinem Zimmer auch noch zwei Firmenhandys fand und zudem den Autoschlüssel und die Papiere für den Landcruiser, glaubte ich zu träumen. Ich sah aus dem Fenster. Nairobi bot unglaublich viel. Ich freute mich, mein Wissen erweitern zu können. Ich wollte alles mit der Zeit erkunden. Eine Safari im Nairobi-Nationalpark schwebte mir vor, aber auch das Elefantenwaisenhaus „David Sheldrick Wildlife Trust“ und das Karen-Blixen-Museum wollte ich mir ansehen. Die nahe gelegenen Ngong-Berge luden außerdem zum Wandern ein. Es gab so viel zu erleben. Vielleicht konnte ich auch wieder Touren führen?

Als ich später in das Restaurant kam und bei Direktor Manoti Platz nahm, staunte ich über die vielen Gäste im Hotel.

„Wir sind fast ausgebucht“, informierte mich Steven. Nun, die Sehenswürdigkeiten würden wahrscheinlich noch etwas warten müssen, es gab viel zu tun. Wir besprachen uns zwei Stunden lang. Meine Arbeit begann jeden Morgen um sieben Uhr und endete erst spät am Abend. Dafür hatte ich zwei Tage die Woche frei und insgesamt zwei Monate Urlaub im Jahr. Später sollte ich in die Wäscherei gehen und meine Arbeitskleidung abholen. „Für Fragen bin ich immer Ihr Ansprechpartner“, lächelte mich Steven an und gab mir die Hand.

„Auf ein gutes Miteinander“, antworte ich.

Den restlichen Tag verbrachte ich damit, mir das Hotel genauer anzusehen, zunächst die verschiedenen Zimmerkategorien. Alle Zimmer verfügten über eine Minibar, kostenfreie Pflegeprodukte im Bad, Moskitonetze über den Betten und waren im Allgemeinen sehr hochwertig eingerichtet. Weiter ging meine Tour in die untersten Etagen. Es gab ein voll ausgestattetes Fitnesscenter mit Dampfbad und Sauna sowie eine Entspannungslounge. Zudem verfügte das Mash Park Hotel über ein Businesscenter, Tagungs- und Konferenzeinrichtungen für fast zweihundert Personen. Die Rezeption war rund um die Uhr besetzt und es gab kostenfreies Internet. Ich konnte nur staunen. Es würde eine interessante und abwechslungsreiche Tätigkeit werden, auf die ich mich sehr freute.

10) Am Fuße des Kilimanjaro

Vier Jahre waren vergangen, seit ich meine Arbeit in Nairobi begonnen hatte. Nun zwang mich meine angeschlagene Gesundheit zur Heimkehr. Heute war ich mit meiner Frau an den Ortsrand von Kimana gefahren, um der Neueröffnung der „Kimana Boarding School" als Ehrengast beizuwohnen. Rauschender Beifall begrüßte mich und ließ mir die Tränen in die Augen steigen. Die Grundschule hatte zunächst aus schäbigen Hütten mit Makuti-Dächern aus Stroh bestanden und die Kinder hatten sitzend auf dem nackten Fußboden gelernt. Ich hatte im letzten Jahr die einfachen Behausungen abreißen und durch ein Steinhaus ersetzen lassen. Zudem gab es nun für die Kinder Sitzbänke und Tische. Die Lehrer freuten sich über neue Tafeln und Kreide. Schulmaterialien hatte ich ebenfalls besorgt. Besonders stolz waren die vierzig Kinder, als sie endlich Schulkleidung bekamen. Für viele fast die einzigen Sachen, die sie besaßen und nun täglich trugen. Wurden Löcher hineingerissen, stopften es die Mütter wieder zu und zogen es ihren Sprösslingen erneut an – oder es blieb einfach, wie es war. Direktor Juma Mwangi übernahm nun das Wort.

„Wir sind heute hier zusammengekommen, um die neue Schule einzuweihen, die ab sofort den Namen Schoenburg School 2023 tragen soll."

Wieder folgte tosender Applaus. Ich sah meine Frau Rosemary an, die rechts neben mir stand. Unsere Kinder Elias und Sara hatten wir mitgebracht. Sie spielten auf dem Fußboden vor uns mit Stöcken. Die Zwillinge waren nun fünf Jahre alt und gesund. Unser ganzer Stolz. Sara half bereits ihrer Mutter im Haushalt und Elias mir im Garten, in dem wir neuerdings Hühner hielten. Mr. Mwangi kam nun auf mich zu und schüttelte mir die Hände.

„Asante sana, Jürgen, wir wissen nicht, wie wir dir danken sollen.“ Er klopfte mir kameradschaftlich auf die Schultern.

„Gern geschehen“, antwortete ich und wischte mir erneut eine Träne weg.

„So, Kinder“, rief der Direktor nun, „stellt euch alle hier auf und singt für unsere anwesenden Gäste euer einstudiertes Lied.“

Während ich den Kindern zuhörte, schweiften meine Gedanken ab und ich dachte an die vergangenen Jahre. Ich hatte lange erfolgreich in Nairobi gearbeitet und einige Schillinge zur Bank gebracht. Die Hauptstadt kannte ich nun in- und auswendig und meine Familie hatte von dem Geld gut profitieren können. Unsere Bäckerei lief nach wie vor. Sameera war mittlerweile zu einem wichtigen Mitglied unserer Familie geworden und wohnte bei uns im Haus. Sie kümmerte sich um die Backstube und half meiner Frau, wo es nur ging. Sie hatte geheiratet, ihr kenianischer Mann arbeitete schwer in Loitokitok auf einer Baustelle und besuchte sie jedes Wochenende. Er war uns ebenso sympathisch und wir freuten uns für die beiden. Leider hatten sie bis jetzt keine Kinder. Es wollte einfach nicht klappen und sie waren sehr betrübt deswegen. Umso mehr kümmerte sich Sameera um die Zwillinge, die sehr an ihr hingen. Ich persönlich konnte meinen Traum endlich verwirklichen und etwas Land im Mara- und Amboseli Gebiet kaufen. Alle dazugehörigen Dokumente lagen auf der Bank in Loitokitok und somit hatte ich eine Basis für die Zukunft meiner Kinder geschaffen.

Ich war nun siebzig Jahre alt und fühlte mich oft krank und schwach. Dies war auch der Grund, warum ich Nairobi verließ und mich in den Amboseli zu meiner Familie zurückzog. Die Ärzte hatten bei mir vor einiger Zeit Hautkrebs diagnostiziert, der nicht heilbar war. Man konnte hier in Kenia daran nicht viel machen. So blieb es bei einer Medikamenteneinnahme, die den Juckreiz stillen sollte. Dazu kamen mein schwaches Herz, mein angeschlagenes Immunsystem und der Pylorus, mein an den distalen Magenabschnitt grenzender Schließmuskel. Er funktionierte nicht mehr richtig und mich quälten anhaltende Bauchschmerzen. Mein Lebenszenit war längst überschritten, das fühlte ich jeden Tag. Die Idee mit der Schule kam mir, weil ich meinem geliebten Kenia etwas zurückgeben wollte. Jetzt trug die Schule meinen Namen.

Erneuter Beifall holte mich aus meinen Gedanken. Die Kinder hatten fertig gesungen und freuten sich auf das heutige Festmahl. Die Schule verfügte nun auch über einen Küchenanbau, in dem einfache Schulspeisung zubereitet werden konnte. Für die Sprösslinge oft die einzige Speise des Tages. Reissäcke hatte ich bereits gestern anliefern lassen. Dazu würden wir heute eine Ziege schlachten, die ich einem unserer Nachbarn abgekauft hatte. Die beiden Lehrerinnen hatten sich bereits über das arme Tier gebeugt, sie übernahmen heute das Kochen. Später würden wir alle mit bloßen Händen aus Plastikschüsseln essen. Zum Nachtisch hatte ich Bananen besorgt. Diese gab es in Afrika in Hülle und Fülle, aber die Kinder kannten oft deren Geschmack nicht. Für jedes der vierzig Kinder hatte ich zudem je eine kleine Packung Milch besorgt. Gierig schauten sie auf die Pappkartons, in denen sie noch lagerte. Nun vertrieben wir uns die Wartezeit auf das Essen mit Musik und Tanz. Ich hatte mein batteriebetriebenes Radio mitgebracht und sah in lauter glückliche Kindergesichter. Alle sangen und klatschten bis in die späten Abendstunden.

Meine Frau stupste mich von der Seite an. „Ich freue mich schon auf die Überraschung."

Stimmt, ich hätte es fast vergessen. Alle Schulkinder durften beim Abschied je einen kleinen Sack

Maismehl für die Familien mitnehmen. Der heutige Feiertag sollte einfach unvergessen bleiben.

„Es war ein sehr schönes Fest“, verabschiedete mich Direktor Mwangi, als sich meine Frau und die Zwillinge zum Gehen bereitmachten.

„Ja“, antwortete ich. „Nun müssen wir nur sehen, dass die Schulkinder täglich ihre warme Mahlzeit bekommen. Ich werde die Schule dahingehend weiter unterstützen, Sie können sich auf mich verlassen.“

Der Direktor strahlte mich an und schüttelte mir erneut hoffnungsfroh die Hände. Es war so einfach, Gutes zu tun. Ein zufriedenes Gefühl überkam mich. Ich würde dieses soziale Projekt weiter vorantreiben, nahm ich mir vor. Der Anfang war gemacht. Die Kinder der Schoenburg-Schule brauchten meine ganze Aufmerksamkeit und die wollte ich ihnen auch geben.

Die nächsten Tage zerbrach ich mir den Kopf, wie ich dauerhaft Mahlzeiten für meine Schule finanzieren konnte. Ich hatte bereits sehr viel Geld für den Neustart der Bildungsstätte ausgegeben und konnte dauerhaft die Summen für die Lebensmittel nicht zahlen. Zudem sollte die Schule auch noch nach meinem Tod unterstützt werden. Mir fiel nur Deutschland ein. Ich hatte meine Kontakte nach Hause komplett einschlafen lassen, nur mit meiner Ex-Frau Annette schrieb ich mir ab und zu noch E-Mails, was es mir nun sehr erleichterte, meine Idee in die Tat umzusetzen. So erstellte ich an einem Samstagabend in stundenlanger Kleinarbeit einen Projektplan und schrieb Annette, dass ich dringend mit ihr sprechen wolle. Ich meldete ein Telefonat bei ihr für Montagmorgen an. Annette lebte nach wie vor alleine im Spessart und ihr ging es finanziell und gesundheitlich gut. Einen neuen Lebenspartner hatte sie nicht gefunden, aber sie war gerne Single und in verschiedenen Vereinen tätig. Ich hoffte, dass am Montag die Verbindung nach Deutschland gut klappen würde, und freute mich auf das Gespräch. Lange hatte ich ihre Stimme nicht mehr gehört.

„Hallo, hallo“, rief ich Montagmorgen in den Apparat. „Annette? Hörst du mich?“

„Ja, ich höre dich gut“, antworte meine Ex-Frau.

Gott sei Dank. Nach den Begrüßungsfloskeln hielt ich mich nicht lange auf und legte mit meinem Plan los. Ich beschrieb ihr die Schule und meine soziale Tätigkeit dort und offerierte ihr meine Ideen mit den deutschen Pateneltern.

„Annette, könntest du dir vorstellen, Bekannte und Verwandte für das Projekt zu begeistern? Jedes Kind würde von Pateneltern aus Deutschland monatlich mit einem kleinen Betrag unterstützt werden. Rosemary und ich werden die Gelder verwalten und an Direktor Mwangi weitergeben. Bilder von der Schule sende ich dir zu. Auch würden die

Sprösslinge sicher gerne Briefe schreiben und Bilder dazu malen."

Annette schien begeistert. „Was für eine tolle Idee, Jürgen. Da ich nun nicht mehr arbeite, könnte ich mich voll auf das Projekt konzentrieren." Ich war sehr erleichtert und meine Ex-Frau schien Feuer und Flamme.

„Annette?", rief ich noch einmal in den Hörer. „Du könntest auch eine Website im Internet erstellen, die den täglichen Ablauf in der Schule zeigt."

Annette versprach es und ich legte erleichtert auf. Nun war es an mir, Bilder der Schule nach Deutschland zu schicken und jedes einzelne Kind mit einem Steckbrief zu beschreiben und zu fotografieren.

Bereits am nächsten Tag fuhr ich wieder in „meine Schule". Ich wollte mit Direktor Mwangi sprechen. Ich war mir sicher, er würde glücklich über meine Idee sein.

„Jürgen, dein Plan ist wunderbar", rief er begeistert und schüttelte mir die Hand. „Die Kinder haben gerade Unterricht, aber ich lasse ihn unterbrechen, das ist kein Problem – Hakuna Matata."

Die Kinder freuten sich alle, mich wiederzusehen, und waren über die Pause dankbar. Zunächst stellten sich alle vierzig vor der Schule auf und sangen ein einstudiertes Lied. Ich filmte das Ganze mit meinem Handy. Dann kamen die Unterrichtsräume dran. Ich fotografierte alles, was mir vor die Linse kam, und interviewte die beiden Lehrerinnen. Mittlerweile hatte Direktor Mwangi den Kindern erklärt, um was für ein neues Projekt es sich handeln würde, und die Sprösslinge stellten sich gerne in Reih und Glied vor mir auf. Nun filmte und fotografierte ich jeden von ihnen und schrieb auf mitgebrachten Schreibblöcken die jeweiligen Informationen dazu.

Zurück zu Hause ordnete ich meine Bilder und Videos und tippte alles in meinen Laptop. In mehreren E-Mails an Annette versandte ich dann meine penible Arbeit. Nun hieß es hoffen. Ich war sehr aufgeregt und konnte es kaum erwarten, dass meine Ex-Frau loslegte.

Gerade als ich noch einmal meine Zeilen las, stürzte Rosemary ins Zimmer. Meiner Frau hatten die Jahre nicht geschadet, sie war immer noch die hübsche und intelligente Mutter meiner Kinder, die ich sehr schätze und die mich glücklich machte.

„Jürgen, komm bitte schnell, Joanne bekommt ihr Kind.“ Sie wirkte aufgeregt.

Joanne war eine unserer Nachbarinnen, die verarmt und einsam in eine der hinteren Hütten des Dorfes wohnte. Rosemary brachte ihr täglich ein paar Lebensmittel vorbei und kümmerte sich um sie. Joanne war fünfundzwanzig Jahre alt und erwartete ein Baby. Der Vater des Ungeborenen hatte sie verlassen und zudem besaß sie kein Geld für den

Arzt, sodass das Baby in der Hütte geboren werden sollte.

„Bring bitte zwei Schüsseln Wasser und Tücher mit“, rief mir Rosemary zu und verschwand sofort wieder.

Ich klappte meinen Laptop zu und machte mich daran, das Gewünschte herbeizuschaffen. Rosemary würde Joanne bei der Geburt unterstützen. Ich konnte nur hoffen, dass alles gut ging. Kurze Zeit später trafen wir uns vor unserem Haus wieder. Rosemary hatte noch Desinfektionsmittel geholt und gemeinsam liefen wir eilig zu der kargen Hütte. Als ich eintrat, sah ich Joanne schon mitten in den Wehen. Ihre Augen waren weit aufgerissen und sie schrie anhaltend vor Schmerzen. Ich stellte die Schüsseln ab und verließ den Raum. „Ich warte draußen“, sagte ich zu meiner Frau. Sicher wollte Joanne nicht, dass ich sie so sah. Rosemary hingegen würde sich um die Geburt des Babys kümmern und so ließ ich beide Frauen allein. Vor der Hütte lief ich auf und ab und horchte, was sich drinnen tat. Joanne schrie und schrie. Es waren furchtbare Laute. Ob alles gut war? Ich rief nach Rosemary, die daraufhin kurz aus der Tür schaute.

„Ich muss das Baby drehen“, sagte sie mir aufgeregt, „es liegt mit dem Köpfchen nach oben. Hol bitte Tante Hellen, wir brauchen jemand, der sich auf Joannes Bauch stützt und das Baby mit herausschiebt.“

Nun war ich selbst sehr beunruhigt und rannte zu unserem Haus zurück.

„Hellen, Hellen", rief ich. „Komm bitte schnell, wir brauchen dich." Gemeinsam mit der Tante eilten wir zu Joannes Hütte. Als Hellen und ich den dunklen Raum betraten, bot sich uns ein erschreckendes Bild. Joanne hatte sehr viel Blut verloren, Rosemarys Hände waren voll davon. Meine Frau hatte mittlerweile versucht, das Baby zu drehen, und nun sollte Hellen weiterhelfen.

Ich sah, wie die Tante sich bekreuzigte, und hörte sie rufen: „Joanne ist verflucht."

Ich ging wieder aus der Hütte und ein Schauer lief mir über den Rücken. Nach einer gefühlten Ewigkeit hörte ich plötzlich Babygeschrei und war sehr erleichtert. Gott sei Dank! Nun konnte ich in die Hütte zurückkehren und meine Hilfe anbieten. Als ich jedoch eintrat, lag Joanne regungslos in Rosemarys Armen.

„Sie hat es nicht geschafft", sagte meine Frau mit Blick auf die Verstorbene. Hellen hielt das kleine, in Tücher gewickelte Bündel und gab es mir auf den Arm. Es war ein Junge. Wie schrecklich, dachte ich. Hellen wiederholte ihre Worte, dass Joanne verflucht sei und böse Geister in dieser Hütte ihr Unwesen trieben. Ich musste hier schnellstens raus. Ich tappte mit dem Jungen auf meinem Arm ins Freie und sah ihn mir genauer an. Er war so winzig und nun schrie er aus Leibeskräften. Sicher hatte er

Hunger. Die arme Joanne. Was sollte nun werden? Ich rief nach Rosemary.

Als meine Frau aus der Hütte trat, von oben bis unten voller Blut, sagte sie zu mir: „Wir müssen Joanne hinter der Hütte begraben, noch heute."

Ich nickte. „Ich hole einen Spaten, hol du die Dorfbewohner. Einige wollen sicher an der Beerdigung teilnehmen." Ich ging mit dem Jungen zu unserem Haus zurück und übergab ihm Sameera, die entzückt über die Schönheit des Kindes war.

„Ich kümmere mich um ihn", sagte sie und ich rannte eilig, um die Beerdigung vorzubereiten. In Kenia vergrub man die Toten hinter dem eigenen Haus, was ganz normal war. Nur ich war mit so etwas noch nie konfrontiert worden und ich fragte mich immer wieder, was aus dem armen Jungen werden sollte. Mit einem Spaten bewaffnet lief ich zurück zu Joannes Hütte. Einige Nachbarn hatten sich dort versammelt, viele bekreuzigten sich. Alle waren überzeugt, dass hier Böses am Werk war. David, ein junger, starker Mann aus unserem Dorf, hob nun die Grube aus. Ich sah dabei zu und auch, wie er und ein weiterer Nachbar die arme Joanne in Tücher gewickelt in das Grab legten. Der eilig herbeigerufene örtliche Priester, der schon meine Kinder gesegnet und getauft hatte, sprach einfühlsame Worte. Alle wirkten sehr betreten und die Menschen konnten sich dieses Unglück nicht erklären.

Deshalb musste es ein Fluch sein! Ich nahm Rosemarys Hand und drückte sie. Meine Frau hatte Großes geleistet, ich war sehr stolz.

Nach der Beerdigung gingen wir zurück nach Hause, um den kleinen neuen Erdenbewohner willkommen zu heißen. Sameera hatte ihm unterdessen Milch zubereitet und er schlief seelenruhig. Dem armen Jungen drohte das Waisenhaus. Er würde aber erst einmal hierbleiben. Ich besprach mich mit meiner Frau, sie war einverstanden. Viel zu schnell gingen die Menschen im Dorf wieder zur gewohnten Tagesordnung über, so auch wir. Der Tod in Kenia war allgegenwärtig und man lebte damit.

Mittlerweile hatte Annette meine zahlreichen Mails bearbeitet und eine wunderbare Website erstellt, deren Link sie mir stolz schickte.

„Ich danke dir von Herzen“, rief ich ins Telefon, als wir uns das nächste Mal besprachen. „Wie sieht es mit den Pateneltern aus? Konntest du schon einige gewinnen?“ Annette erzählte mir, dass bereits zehn Bekannte Interesse am Projekt gezeigt hatten und dass sie in ihren zahlreichen Vereinen, in denen sie Mitglied war, Flyer ausgelegt hatte. Das freute mich sehr. Nun mussten die Interessenten sich jeweils nur noch ein afrikanisches Kind aussuchen und ich würde die Kontakte vermitteln. Dann konnten Briefe und weitere Fotos geschickt werden.

Zudem weihte ich meine Frau Rosemary in alle nötigen Schritte ein, sie sollte das Projekt später einmal weiterführen können. In Loitokitok eröffnete ich ein Spendenkonto auf Rosemarys Namen und teilte die Kontonummer meiner Ex-Frau mit. Die Pateneltern aus Deutschland sollten monatlich fünfzig Euro überweisen, das würde alle Unkosten decken und auch das Gehalt der Lehrkräfte beinhalten.

Ich fuhr nun täglich zu „meiner Schule" und unterrichtete Mr. Mwangi von meinen Bemühungen. Beide hofften wir, dass das Projekt schnell anlaufen würde. Ich persönlich auch, weil es um meine Gesundheit schlecht stand. Ich musste mir jetzt öfters Pausen verordnen, denn ich war immer sehr müde. Gegen ein Uhr mittags legte ich mich oft hin und ruhte mich aus. Ohne einen Mittagsschlaf ging es nicht mehr. Oft dachte ich über mein Leben nach. Ich hatte viel erreicht, aber meine Familie brauchte mich noch und die Schulkinder ebenso. Ich hoffte, ich würde alles schaffen, denn meine Kräfte ließen spürbar nach.

Als endlich die ersten Gelder auf unserem Spendenkonto eintrafen, umarmten Rosemary und ich uns vor Freude. Die ersten zehn Pateneltern waren gefunden und Annette hatte fünfhundert Euro überwiesen. Wir waren begeistert. Ich hatte die vielen Schillinge in einen Umschlag gelegt und übergab sie dem Direktor am nächsten Tag feierlich.

„Asante sana, Jürgen.“ Seine Hände zitterten, als er das Geld an sich nahm. Ich redete unterdessen auf ihn ein, dass er mir Quittungen bringen müsse für jede gekaufte Kleinigkeit.

„Mir ist egal, wie Sie das anstellen, nur brauche ich die Belege für die Bücher und als Beweis für die deutschen Pateneltern.“

Juma Mwangi nickte eifrig. Er versprach mir alles und lächelte mich glücklich an und ich lächelte froh zurück.

Aber das Leben zeigte mir immer wieder, dass Freud und Leid dicht beieinanderliegen. Mein Misstrauen wäre von Nöten gewesen. Ich hätte mich auf meine jahrelange Erfahrung verlassen- und besser Acht geben sollen. Ich tat es nicht! Der Direktor war für mich eine Respektsperson und ebenso für die Lehrerinnen und Kinder. Jahrelang hatte er die Schule geleitet, sich über den Erfolg gefreut, als ich das Steinhaus bauen ließ und begeistert geklatscht, als die Schule eingeweiht wurde und einen neuen Namen bekam. Meine Erfahrung ließ mich im Stich, ich vertraute dem Direktor. Umso mehr war ich erstaunt, als eine der Lehrerinnen der Schoenburg-Schule eine Woche später an unserem Haus erschien. Direktor Mwangi wäre schon lange nicht mehr in der Schule gewesen und die Kinder hätten auch keine Schulspeisung, erzählte sie aufgeregt.

„Vielleicht ist er krank?“, mutmaßte ich.

Die Lehrerin erzählte mir daraufhin, dass ihr Mann bereits bei ihm zu Hause vorbeigesehen hätte. Er wäre nicht da gewesen.

Jetzt beschlichen mich erste Zweifel. Mein Herz schlug schneller, als ich dachte: Er wird doch wohl nicht …? Aber leider war es die bittere Wahrheit, denn der Direktor kam auch Tage später nicht zurück. Juma Mwangi war mit dem Geld auf und davon. Ich war entsetzt und gleichzeitig wütend auf mich selbst. Ich kannte Kenia. Ich wusste, dass so etwas passieren konnte. Aber ich hatte an das Gute im Menschen geglaubt. Rosemary tröstete mich, aber es half nichts. Ich war unsagbar deprimiert. Wie konnte mir das nur passieren? Die armen Kinder. Zudem brauchte die Schule nun einen neuen Direktor. Wie sollte ich das alles Annette erklären? Mein Schulprojekt stand auf der Kippe. Die deutschen Pateneltern würden doch das Vertrauen in uns verlieren!

Nachdem ich Nächte nicht richtig geschlafen hatte, stand für mich die Entscheidung fest! Ich würde die fünfhundert Euro von meinem Ersparten zahlen. Wichtig war, dass die Kinder etwas zu essen hatten und dass das Projekt weiterlief. Ich würde natürlich den Fehler nicht zweimal begehen. Sobald Spendengelder eintrafen, würden wir für Lebensmittel sorgen. Ich sprach lange mit meiner Frau und Sameera, die sich sofort anboten, die Einkäufe zukünftig zu organisieren. Schwere Säcke mit Maismehl konnten zur Schule geliefert werden, den Rest würden wir selbst hinfahren. So weit der Plan. Nun musste nur noch ein fähiger Direktor gefunden werden. Auch hier wusste Sameera Rat. Sie kannte einen sympathischen Mann mittleren Alters, der früher einmal Lehrer in Loitokitok gewesen und nun arbeitssuchend war.

„Wie heißt er?“, wollte ich sofort wissen. „Und wo finden wir ihn?“

Sameera hob lachend die Hände. „Pole, pole, Jürgen, immer mit der Ruhe.“ Sie stupste mich freundschaftlich an. „Er heißt Amos Kazungu und ich bringe dich morgen zu ihm.“

Von diesem Tag an konnten wir mit unserem sozialen Projekt nur noch Erfolge feiern. Mr. Kazungu wurde Direktor der Schoenburg-Schule und machte sein Amt mit viel Leidenschaft zu seinem Beruf. Annette schaffte es, weitere deutsche Eltern zu gewinnen, und bald hatten wir für jedes einzelne Schulkind eine Patenschaft. Rosemary und Sameera erfüllte die Verantwortung, die sie nun trugen, mit Stolz. Die Kinder lernten eifrig und freuten sich jeden Mittag auf ihre warme Mahlzeit. Wir versuchten, Abwechslung in die Speisen zu bringen, und versorgten die Kinder nicht nur mit Fleisch und Ugali, sondern auch mit viel Gemüse für den Vitaminhaushalt. Zudem gab es immer eine süße Kleinigkeit zum Nachtisch. Und die Kinder dankten es uns und gingen sehr gerne zur Schule. Ich selbst zog mich nun wieder etwas zurück, das Projekt lief nun von alleine.

Auch bei uns zu Hause lief alles seinen gewohnten Gang. Sameera kümmerte sich nun abwechselnd um das Schulprojekt, die Backstube, den Haushalt und den Jungen. Auch die Zwillinge waren begeistert, ein Baby bei uns zu haben. Wir alle gaben dem kleinen Kerl, der noch keinen Namen hatte, ein liebevolles Zuhause.

An einem Freitagabend kam Sameera in mein Zimmer, in dem ich gerade die Zeitung las und mir ein Tusker-Bier gönnte.

„Jürgen, darf ich mit dir sprechen?“ Sie wirkte ein wenig aufgeregt und verschüchtert.

„Selbstverständlich!“, antwortete ich lächelnd und legte mein Tagesblatt zur Seite.

„Morgen kommt mein Mann wieder zu uns und ich möchte mit ihm über das Baby sprechen und brauche deine Hilfe dabei.“ Verlegen trat sie von einem Bein auf das andere. Ich verstand nicht ganz, was sie mir sagen wollte, und antwortete nicht. Sie fuhr fort. „Ich möchte den Jungen zu uns nehmen, als mein, ich meine, als unser gemeinsames Kind. Würdest du mir dabei helfen, meinen Mann zu überzeugen?“

Nun war es an mir, zu reagieren. Ich stand auf und umarmte Sameera aufgeregt. „Eine hervorragende Idee, meine Liebe“, sagte ich und lächelte. „Dein

Mann hat sicher nichts dagegen und bei euch hat der Kleine es gut."

Sie wirkte erleichtert und ich ebenso. Warum war ich nicht selbst auf diese Idee gekommen? Sameera wünschte sich schon lange ein Baby.

„Da ist noch etwas." Die junge Frau sah mir nun direkt in die Augen. „Wenn wir ihn adoptieren, habe ich leider nicht genug Geld, um die Behörde zu bezahlen."

Ich lachte sie freundlich an. „Hakuna Matata Sameera, ich helfe dir. Du bist uns lieb wie eine Tochter geworden in all den Jahren und die Zwillinge vergöttern dich. Zudem unterstützt du uns bei dem Schulprojekt und hier zu Hause. Natürlich stehe ich dir bei."

Bereits am nächsten Tag holte ich erste Informationen ein. Der Junge brauchte endlich Eltern und so erfuhr ich, dass die Institution County Council die recht einfache Abwicklung übernahm. Das Children Departement lag nur wenige Kilometer entfernt und die ganze Angelegenheit kostete fünfzehntausend Schillinge. Hier war Kajiado County zuständig. Nun hieß es, Sameeras Mann zu überzeugen. Ich gab Rosemary den Auftrag, uns ein leckeres Abendessen zuzubereiten. Ich hatte wieder den ganzen Tag Bauchschmerzen gehabt und fühlte mich unwohl. Gleichzeitig war ich aufgeregt wie ein kleines Kind. Was wohl Sameeras Mann sagen würde?

Die Zeit vergeht langsam, wenn man auf etwas wartet, und als es endlich Abend wurde, begrüßte ich Joel freundlich wie immer in meinem Zuhause.

„Wie war die Arbeitswoche?“, begann ich den kleinen Small Talk. Ich wusste, wie hart Joel arbeitete und wie wenig er schlussendlich verdiente. Es war für beide erleichternd, dass Sameera bei uns wohnen und essen durfte.

„Anstrengend wie immer“, antwortete mir Joel und ich kam nun ohne Umschweife auf unser Anliegen zu sprechen. Sameera holte unterdessen den kleinen Jungen zu uns an den Tisch und legte ihn Joel in den Arm. Ihr Mann hatte das Baby bereits bei vorherigen Besuchen kennengelernt, aber nun eröffneten Sameera und ich dem jungen Mann unsere Idee.

„Joel, stell dir vor, dieses Kind wäre eures. So ein süßer Prachtbursche. Er ist gesund und braucht liebevolle Eltern.“ Wir legten ihm die Adoption ans Herz und Joel war zu unserer großen Freude, sofort einverstanden. Was für ein wundervoller und rührender Augenblick. Ich drückte die Hand meiner Frau, die sich ein paar Tränen nicht verkneifen konnte.

Nun sah Sameera mich glücklich an. „Jürgen, ich danke dir von Herzen. Unser Kind braucht einen Namen und du sollst ihn aussuchen.“

Ich schluckte, mir war nach weinen zumute. „Wolfgang“, stieß ich atemlos hervor. „Er soll Wolfgang heißen.“

*****

Es war ein heißer Tag im Frühjahr 2024. Ich saß vor meinem Haus in Kimana und hatte es mir gemütlich gemacht. Ich war jetzt immer so müde und geschafft. Elias und Sara spielten hinter dem Haus und Sameera saß im Schatten unserer Akazien und fütterte Wolfgang. Ein idyllisches und schönes Bild. Als ob der Kilimanjaro für mich noch einmal seine volle Pracht entfalten wollte, sah ich ihn heute ohne seine Nebelschwarten am Berggipfel. Der Schnee würde in einigen Monaten verschwunden sein, aber das würde ich nicht mehr erleben. Ich wusste, meine Zeit war gekommen. Schon vor Wochen hatte ich ein Testament aufsetzen lassen. Ich wünschte mir ein Urnengrab auf meinem Grundstück mit Blick auf den Berg. Mir fiel ein Zitat von Stefanie Zweig ein: „Wer sich von Afrika hat verführen lassen, der findet sein Lebtag kein Messer mehr, um die Fesseln zu zerschneiden, die ihn an das Land bindet. Die Nase gibt den Duft von Afrika nicht mehr frei, die Ohren nicht seine Melodie.“

Wie recht sie hatte. Ich würde ihr bald folgen. Ich lächelte müde und dachte an meine Familie. Wie sehr liebte ich Rosemary und meine beiden Kinder.

Mögen sie einmal in Kenia so glücklich werden, wie ich es immer war. Erschöpft vom Tag lehnte ich mich zurück und schloss meine Augen.

- ENDE -